U0037470

大旗出版
BANNER PUBLISHING

大旗出版
BANNER PUBLISHING

http://www.Confucius.com.Chou/

孔子的部落格

版主：孔子

網頁管理：陳峰、夢亦非

編輯室的話

千百年來，儒、道兩家向來是華人的立身哲學，然而對於新世代的人們來說，先哲們的原意日益模糊，《論語》、《孟子》語句艱澀，《老子》（《道德經》）、《莊子》深奧絕倫。對這些經典文字的認識，絕不僅僅是專家學者的事，因為先哲們博大精深的思想，既不斷作用於靈魂的潛移默化當中，又時時彰顯於我們每時每刻的行動和生存意識裡。比如，為什麼與西方相比，我們那樣重視孝順父母？為什麼我們提倡謙虛謹慎、含而不露？為什麼我們提倡悟道，而不是解剖麻雀？

從世界文化史的角度上講，孔孟老莊的思想不僅對亞洲各國影響深遠，並且自中世紀後葉傳入歐洲之後，對歐洲文藝復興之後的整個思想史，也產生了重大的影響。在歐洲，幾百年來對古代先哲的研究認識，從哲學家到普通民眾，都是熱門的話題。

那些看起來已經沒有多少實用價值的道理，實際上與我們的行為準則有著千絲萬縷的聯繫，在我們的人生觀價值觀的形成上舉足輕重。

　　要真正理解先哲們，還要深入瞭解歷史背景，熟悉這些大哲人的生活背景，把他們還原為人，還原為具有深刻愛國心和社會憂患意識的知識階層、參政議政人士，這樣才有了認識的基礎。否則，我們總是戴著有色眼鏡看幾千年前的人和事，肯定偏見多多。

- -

　　在近年來出版的同類讀物之中，白話翻譯和各家解讀占據首要席位。前者是機械的翻譯，很難讓讀者置身於先賢思想產生的時代之中；後者是二手的食物，再嚼就難免人云亦云，那不是完全屬於孔孟老莊，而是屬於南懷瑾和于丹們的。因此，如何找到一個相對通俗簡單，同時又如實還原原貌的方法，對於我們理解儒道兩家的思想至關重要。

　　事實上，細細看來，無論是孔孟，還是老莊，其思想的形成都不是一朝一夕之功，都是在漫長的歲月裡不斷完善的。這中間，隨著他們個人命運的轉折，其思想也有著清晰的變化軌跡。是甘於沉默還是推己及人，這於他們的內心非常痛苦，也是理解他們的關鍵所在。如何展現他們人生的際遇和思想的變遷，是出版此類圖書急需解決的問題，而新生事物於此刻給了我們靈感，如網路「部落格」的出現。

　　眾所周知，部落格作為一種舶來品，它最大的特徵，就

是將自己所想展於世人眼前。喜者可收藏，隨時翻看，不喜者大可刪除。除此之外，真正的部落格文體是一種真實、隨意性的文字，我們從一個部落格寫作者連續發表的文字中，便可窺到其內心世界和人生轉折的意義，這種展現對於我們理解一個人不啻為一種捷徑。因此，選擇以部落格的形態展示儒道的精髓，就成了我們找到的「最佳途徑」。

眾所周知，兩千多年來，對孔孟老莊典籍的考證注解之著作汗牛充棟，誰也難以給出一個真正準確的解釋。這也是後人不斷推陳出新的根本原因之一。在本書的編纂過程中，編者大量查閱了相關資料，並對歷代各種解釋性文字做了綜合與提煉，力求較為準確地把握他們的思想脈絡，總結並串聯。同時在行文的過程中，追求輕鬆、淺顯，拒絕閱讀疲勞，是我們的目的之一。

孔子以及弟子們的學說是儒家文化的源頭，但卻不是以系統論述的方式寫作，而是在教學與日常生活的對話、行動之間激發出來的，更具有人情味和現實性。

孔子一生努力「克己復禮」，試圖在時代大變遷、大轉型的春秋時代恢復周初的禮儀、思想、制度，表現出一個當時的「知識份子」知其不可為而為之的社會批判精神與承

擔的勇氣。而平民化的生活又影響了他的思想，使他「非神化」地被弟子們接受與推崇。《孔子的部落格》按照《論語》本身的篇目順序作一選擇合併，結合其他古籍中的記載，融入孔子及其弟子的生平事蹟，以平和、樸實的描述延續了原著的順序。

除了全力還原先賢的生活原貌之外，本書還添加了富有創意性的「留言」，其中既有當時先賢思想與其他諸家思想的碰撞，也有古今中外名人的著名論述觀點，以及虛擬的網友在目前形勢下對先賢的理解認識，增強了可讀性和活潑性。

由於先賢的生平歷史多有不詳之處，編者對於史實的引用多採取一家之言，難免與別家考證不符。再者，先賢們的思想深遠遼闊，寥寥十數萬字難以詳盡，對原著的翻譯、轉述、釋解僅求準確、簡練、忠實，不做大量引申。編者所希望的是，通過對這類閱讀，能引起讀者對其人與思想的興趣。如果您看了本書之後，會再讀先賢的原著，那麼，我們的期望也就達到了。

全部文章列表

丙戌年三月　天氣 ☀　今日心情 ☺

我的願望與初衷

孔子年二十三歲，始教於闕里，顏路、曾點、琴張之徒，往受學焉。
　　　　　　　　　　　　　　　　劉向《新序》

　　如今的世界紛亂而複雜，各種思想順勢而出。有人覺得世人目光短淺，只有自己才懂得真理，擁有馳騁於天地間的自由。有人覺得應該拋棄禮樂，僅靠互相友愛，過艱苦樸素的生活。還有一些人認為世間的一切都是雜亂無章的，只有依靠嚴格的法律，才能使社會走上正軌。

　　對於以上種種看法，我基本都持反對意見。在我看來，世界是屬於每個個體的，解決實際問題遠比說些空話更有意義。而教化世人，當然離不開禮樂之道，它們是讓世界走向和睦的重要因素。至於說約束，我覺得只要讓仁義禮孝為中心的道德標準深存於世人心中，那麼嚴苛的法律比起道德的巨大力量又有什麼意義呢？雖然很多人都提出了不同的見解，但我還是堅持自己的看法，並且願意把自己的所想所聞說給大家聽，希望得到世人的支持。這也正是我選擇在此與大家討論的原因。

誠如許多人所言，如今我們的社會亂字當頭，唯一的秩序就是沒有秩序。國君不再有威嚴，諸侯不再有禮儀，人們不以有道德觀念為榮！老年人冷漠，年輕人輕浮，而那些少年則整天在村子裡遊手好閒，每個人的心裡都充滿空虛、悵惘和無奈。盜賊出沒強人橫行，美德成為人們唾棄的對象。人們在心裡只有埋怨、詛咒、妒忌甚至是絕望。這樣的社會缺乏生機沒有陽光。從廟堂到草莽，從城市到鄉村，從精神到物質，我們祖先的美德、禮儀、制度、教化早已蕩然無存，無影無蹤。我作為殷商遺民的後代更加強烈地感受到了這一點。可是能有什麼辦法呢？個人的力量畢竟薄弱孤單，我偶爾把一些想法實施到現實中，也如同一塊石頭掉進深谷，沒有任何迴響。

年輕的時候，我曾懷著崇拜之心去拜訪學問很大的老聃，先生跟我一樣同是殷商文化影響下的儒士。這一點只有心裡明白，在新的王朝，是不能公開自己這種遺民身份的。老先生年輕時十分好學，曾跑遍方圓二百里的地方，遍訪每一個有學問的人。為此，他曾磨破了一百多雙鞋子，人們傳說他腳底的老繭有五六寸之厚。這當然有點兒誇張，但是他好學的美德確是口耳相傳，罪名遐邇。他終於在四十歲的時候收穫了好學的果實：知識豐富，學問淵博。從此之後，前往求學的人絡繹不絕。我正是慕名而去，懷著一顆求學好問

的心。而我最想問的正是周朝初期繼承了殷商文化而建立的周禮制度。然而，他並沒有像我想像的那樣來講授「禮」，而是出人意料地說：「往往聰明善觀察的人由於好非議他人而早死，博學善辯的人好揭發他人做的壞事而危害自身。做孩子的應該忘掉自己心想父母，做臣子的應該忘掉自己而心存君主。」這番話聽上去的確不怎麼順耳，但卻最讓我受到觸動。後來慢慢地我明白了，他是對社會現實太失望了，告誡我積極入世多麼危險以至於看到我這樣的熱血之人就不得不潑一下涼水。但我和老聃的不同之處在於：他的深刻在放棄，我的追求在進取，知難而進。

當我從你們現今稱為「縣城」的地方經過的時候，我看到了令人難過的一幕。從一所學校裡傳來學生們朗朗的讀書聲，而在學宮外面，一群貴族僕從正在圍毆一個少年。那少年十二歲上下，面黃肌瘦，衣衫破爛不堪，鼻子裡面流出了鮮血，苦苦哀求著。一打聽，我得知圍毆的理由很簡單：學校裡都是貴族子弟，窮人家的孩子是沒有資格和權利力旁聽的。我的心隱隱作痛：一邊是衣著華麗的貴族，一邊是衣衫襤褸的平民；一邊是喪失禮義惡狗般的打手，而另一邊則是滿懷求知欲的平民孩子。為什麼會這樣？

從那裡回來，我的思緒一直未曾停止過。國家為什麼會變成這個樣子？為什麼周朝走到現在，人們丟棄了道德、

喪失了禮義呢？為什麼國君失去了威嚴，而諸侯則平添了蠻橫呢？如果有禮義有道德有仁愛的人出來治理國家，那麼這個社會還會是這個樣子嗎？很顯然，肯定不會是這樣的。問題的關鍵是，那些懂禮義有道德有仁愛的人到哪裡去了呢？國家為什麼缺少這樣的人呢？一如我前面提到的那位君子一樣，他確實很有學問，可是，如果這學問只是帶來自我的滿足感、表面的成就感，那麼，即使有再多的學問，又有什麼意義呢？況且連有學問的人都缺少呢，更不要說那些既有學問又能投身於社會實踐的人了。

我立下志向就不會改變。我希望天下安定，人民安康。我期望有一個大同世界出現，沒有人貧窮，大家共同富裕；沒有絕望，充滿朝氣；小人遠離朝廷，君子治理天下。我深知實現這一理想就不能停留在對學問的清談上，而要做一個弘毅之士投身於社會變革，所以即使我的力量再單薄，我也要去努力奮鬥。思來想去，我決定先從事教育，給願意學習的人受教育的機會。我希望能從他們中間發現並培養有君子德行的人，再推而廣之，去影響更多的世人，也許就離理想的大同世界更近了。

分類：始教闕里　｜　人氣（63660）　｜　留言（7）

13

留言

感謝孔聖人開了私學，讓我們後輩有例可循。以後秀才們做不了官，就去開辦私學招幾個學生，收幾石米幾條乾肉混日子。這也能養活一個下層的有閒階層。所以把聖人看做至聖先師是對的。雖然在您之前已有教育的存在，但您是史上第一個開辦私學廣收弟子的大教育家。

by 唐寅[1]

孔先生的年代裡思想言論都很自由，所以可以招收弟子，帶著七十二賢人四處宣揚自己的學說與政治主張。都說孔子弟子三千，但這不是確數而是一個概數，意在說明當時孔先生招收學生是不一而論的，來自各個階層的都有。

by 梁啟超[2]

這就是「軸心時代」，世界重要的源頭、思想家都出在這個時代，像孔子、佛祖、蘇格拉底[3]、柏拉圖、亞里斯多德等等。軸心時代都是思想言論自由，可以招收學生，交通比較方便，人才也得到重視，而社會正處於巨大的變化轉折關頭。但這個時代的學問也有一個特點：關注現世生活超過關

注形而上，無論是宗教還是哲學，都在努力解決當時從部落時代轉到城邦時代所遇到的問題。因為社會從部落制轉向城邦制，造成不斷的戰爭與暴力，舊的道德已經敗壞，而新的道德尚未建立起來，所以這些宗教創始人以及大思想家們，把重心放在了解決現世問題之上，極少考慮生命本體與形而上學，只有亞里斯多德是個例外。

by 雅斯貝斯[④]

孔子是古代第一個使學術民眾化的、以教育為職業的「教授老儒」；他開春秋講學遊說之風；他創立（至少發揚光大了）非農非工非商非官僚之「士」階層。

by 馮友蘭[⑤]

我集藏的《莊子》寫道，老子說：「聖人不死，大盜不止」，又言「禮者，忠信之薄而亂之首也。」這可能才是他不喜愛孔丘的真實思想。

by 汪中[⑥]

據我所知，汪中的那版《莊子》是偽書。

by 學友小張

儒家思想始終是把封建社會秩序的穩定放在第一位的，它從不鼓勵個性發展，也不注重社會進步。幾千年來，儒家教育的目的只是「明人倫」，意義就在於維護封建社會的等級秩序。大家都知道讀書就是為了做官，但人們卻從來也不在公開場合表露這一點，這造成了學子在人格上的分裂。在古代的教育中，說謊是人生的第一必修課。一年級的小朋友都知道，哪些話可以講，哪些話只能放在心裡，可以做卻不能講。如果不能清除儒家的偽善，我們就沒辦法做一點真正像樣的道德建設。

by 鹹菜

訪客小檔案

① **唐寅**（1470—1523），初字伯虎，更字子畏，號桃花庵主等。晚年信佛，有六如居士等別號。吳縣（今江蘇蘇州）人。是我國繪畫史上傑出的畫家、文學家。他的名字婦孺皆知，「唐伯虎點秋香」、「三笑」在民間廣為流傳。

② **梁啟超**（1873－1929），字卓如，號任公，別號飲冰室主人。廣東新會人。近代思想家，戊戌維新運動領袖之一。

③ **蘇格拉底**，古希臘雅典人，著名的唯心主義哲學家、教育家。

④ **雅斯貝斯**（1883－1969），出生於德國奧登堡，最初在海德堡大學、慕尼黑大學學習法律，後來在柏林大學、哥根廷大學和海德堡大學學習醫學。1901年以《思念家鄉與犯罪行為》的論文獲得海德堡大學醫學博士學位。他是德國存在主義哲學家、心理學家和教育家，是存在主義教育思想的代表人物。主要著作有《哲學》（3卷本）、《大哲學家》、《尼采其人其說》等。

⑤ **馮友蘭**（1895－1990），河南唐河人，哲學家。1918年畢業於北京大學哲學系。1924年獲美國哥倫比亞大學哲學博士學位。回國後，曾任廣東大學、燕京大學教授，清華大學教授、哲學系主任、文學院院長，西南聯合大學教授、文學院院長。建國後，任北京大學教授、中國科學院哲學社會科學部委員。著有《中國哲學史》、《貞元六

書》等。

⑥ **汪中**（1744—1794），清代學者。江都人。駢文大家。
對諸子之學獨具卓見，著有《述學》6卷，《廣陵通典》
10卷。

發表你的留言

NAME：

E-mail：

內容：

發 表

丙戌年四月　天氣 🌧　今日心情 😊

在成長中完善自己

> 吾日三省吾身。為人謀，而不忠乎？與朋友交，而不信乎？傳，不習乎？　　　《論語·學而篇》

　　今天我要介紹一個對我來說很重要的學生——曾參。他出生於西元前505年，字子輿，祖籍鄫，也算是被魯國滅亡了的鄫國貴族的後代吧。他父親叫曾點，是當年的一位有名人物。曾參十六歲時拜到我的門下學習。他雖然不是很聰明，但很努力，也很懂事。

　　曾參還是少年的時候曾經遇到過這樣一件事，對他的影響很大。事情是這樣的，曾參的家鄉有個無賴殺了人，可巧的是兇手竟然與曾參同名。於是，有人便跑去跟曾母講：「曾參殺人了。」曾母回答：「我家參兒是乖孩子，不殺人。」說完繼續織布。過了一會兒，又有人去跟曾母說：「你家曾參殺人啦。」曾母還不相信，繼續織布。又過了一會兒，再有人去告訴曾母：「曾參殺人啦。」這回曾母害怕了，扔下手上的活兒越牆逃走。曾母當然知道自己的兒子是孝子，但架不住說的人一多，她就相信了。後來「曾參殺人」就成了個成語，比喻流言可畏或誣陷之禍。

正因為經歷了這件事，曾參後來在成長過程中待人做事就比較小心翼翼，儘量不去得罪人，每天自己反省很多遍。反省什麼呢？一般是：為別人辦事是不是盡心竭力了？同朋友交往是不是做到誠實可信了？在教別人之前，自己是否已經咀嚼思考過了？我們這個時代是很糟糕的，許多人答應幫人辦事卻馬虎應付，甚至為了一點點利益就去欺騙別人，更不用說教書育人要盡心負責的事了。對於這些不良的社會現象，曾參不但努力抵制，並且引以為誡，每天都反省自己是不是犯了同樣的毛病。「修身」對一個人與社會來說是最根本的，不修身的人何以談「仁」，何以談「孝」？

所以我以前說過：「君子不莊重就沒有威嚴，學習可以使人不閉塞。要以忠信為主，不要跟不同道的人交朋友，有了過錯就不要怕改正。」不能時常反省自己，又怎能保持正當的言行與遠大的志向呢？

有若曾談到了孝的問題，我也在課堂上說過：「父在，觀其志；父沒，觀其行；三年無改於父之道，可謂孝矣。」但曾參對此不太贊同，何故？他認為如果這個人的父親是盜墓的、搶劫的、販賣人口的，死了三年這個人還要繼承老爸的事業，那就危險啦。所以要看父道是做什麼的，不能盲目「無改於父之道」。對此，曾參今天鄭重地向我提出他的觀點：謹慎對待父母去世的事情，追念思考久遠祖先的功德，才會使民心日趨忠厚淳樸。我們這個時代的孝可不能局限在父輩這一代，還要追溯到對祖先評價認識的深度。曾參不愧

是孝子，說得也很符合禮。

分類：曾參修身 | 人氣（88866） | 留言（3）

留言

孝可孝，非常孝；祭可祭，非常祭……

by 李耳

關於我，後世還有「曾參殺豬」的故事，先不論真假，反正這人一旦出名，故事就特多，看來在世人眼裡我不但會「殺人」，還會「殺豬」。

（關於殺豬的故事，司馬遷是這樣報導的：有一天我老婆要上街，小兒子拉著她的衣襟又哭又鬧，要跟著去。老婆被鬧得沒有辦法，就對兒子說：「你留在家裡，媽媽回來殺豬給你吃！」兒子被哄回家去了。等我老婆從街上回家，只見我拿著繩子在捆豬，旁邊還放著雪亮的尖刀，正準備殺豬呢。我老婆趕忙阻攔說：「我剛才是和小孩子說著玩兒的，並不是真的要殺豬呀！」司馬遷為我準備的回答是：「孩子是不能欺騙的。孩子小，什麼也不懂，只會學父母的樣子，聽父母的教訓。今天你說話不算數，騙了孩子，就是在教孩子說

假話。再說，母親騙了孩子，孩子覺得母親的話不可靠，以後再對他進行教育，他就不容易相信了。這樣做，對家教是很不利的。」結果，我說服了老婆，還是把豬殺了，煮熟了肉給孩子吃。）

by 曾參[1]

關於「三年無改於父之道」，我也有自己的看法。曾參認為是不能盲目，但是，如果可以稱為「父之道」，之所以父之為父意味著這個父親是按照禮法來行的「父道」，也就是「父父、子子」中的第二個名詞「父」字。如果這個父道是符合禮制的，應該「無改」；如果這個父親是違法的或失德的，也不可能在族群中樹立「道」。因此，曾參的看法更多的是為了辯論舉的反例。並不能推翻抽象的「父道」概念。我們讀古人書，不應該被現象所迷惑。

by 路人甲

訪客小檔案

[1] **曾參**（前505一前435），字子輿，春秋末期魯國人，孔子的弟子，世稱「曾子」。曾提出「吾日三省吾身」

（《論語・學而》）的修養方法，相傳他著述有《大學》、《孝經》等儒家經典，後世儒家尊他為「宗聖」。

發表你的留言

NAME：

E-mail：

內容：

發表

丙戌年十二月　天氣 ☀　今日心情 😐

物質與精神上的孝道

今之孝者，是謂能養。至於犬馬，皆能有養。不敬，何以別乎？

色難。有事，弟子服其勞；有酒食，先生饌，曾是以為孝乎？
《論語・為政篇》

今天一早，孟懿子就跑來找我。事情說來很簡單，原來他想問我一個問題：什麼是孝道。之所以問這個問題，其原因就是他的父親已經到了迴光返照的階段，命不久矣之際，問了他這個問題。

事實上，什麼是孝，有著可大可小的解釋。但是孟懿子肯定沒時間聽過於繁複的解釋，所以我就只告訴了他兩個字——「無違！」我不知道孟懿子是否能夠理解。至於無違什麼呢？父母之命？天下人的願望？頂頭上司的指令？都可以吧。只要對父母做到無違，對天下人還能違背嗎？至少這是我的良好願望。

吃過午飯，樊遲來接我，於是我們坐上馬車去學校，今天有些家裡離學校較近和守校的學生想請我去座談。馬車碾

在冰天雪地中，我的心情也舒暢起來。我告訴樊遲：「孟懿子問我什麼是孝，我回答他說『無違』。」樊遲問我：「無違是什麼意思呢？」我給他解釋：「父母活著的時候，要按禮侍奉他們；父母去世後，要按禮埋葬他們、祭祀他們。」

到了學校之後，子游①與子夏在座，孟懿子的兒子孟武伯也來了，和他父親一樣，他的臉上也寫滿了迷惑。還沒等我坐穩，他就急忙問我如何做才算孝道。我說這很簡單，你想到生病時父母那種著急的程度，就懂得孝道了。這孩子以後要從政，如果像母親理解與心疼自己一樣去對待老百姓，那老百姓的日子就會好過一些。於是，他回去向他老爸抱怨說我的解釋變了。這其實沒關係，因為對不同的人應該給予不同的答案才對。

接著子游問什麼是孝。我反問他：「如今人們所認為的孝，只是說能夠贍養父母便足夠了。在生活中就是犬馬都能夠得到飼養，我們如果不存心地孝敬父母，那麼贍養父母與飼養犬馬又有什麼區別呢？」除了物質之外，還得有精神方面的孝道，用你們今天的話講，物質文明與精神文明要能兼顧，人畢竟是人，僅吃飽穿暖是不夠的。

其實所謂的孝，解釋有很多種，我給孟懿子和他的兒子以及子游的解釋都不同，其原因就是一個問題對於每個人都有不同的答案。而在這些不同的答案當中，又有一些是根本

的。我覺得所謂「孝」最不容易的就是對父母和顏悅色。假如僅僅是停留在日常起居上，兒女需要替父母去勞動，做好酒飯讓父母吃，這便曲解了孝的意義。我對三個人的回答雖然各不相同，但潛台詞都離不開「態度」二字，而「無違」代表的就是態度。

孝不僅僅體現在物質層面，更重要的是精神上的孝。

分類：今之孝者 ｜ 人氣（91098） ｜ 留言（4）

留 言

如果你承認對同一問題可以有一種以上的並且都是正確的答案，這本身就是偉大的發現，它會導向自由主義和寬容。

by 赫爾德[2]

我贊同孔先生與赫兄的說法。孔先生是一元論中的多元解決方式，而赫兄的看法與我的相同，可以有二元價值，有兩種以上的生活方式與孝道方式可以挑選。孔先生的學說雖然是一元論的，但因為可以有多元的實際解決方式，所以中國後來的文化並未帶來宗教裁判所那樣的獨裁，這是中國文化的幸運。

by **馬基維利**[3]

明成祖朱棣曾對文臣解縉說：「我有一上聯『色難』，但就是想不出下聯。」解縉應聲答道：「容易。」朱棣說：「既說容易，你就對出下聯吧。」解縉說：「我不是對出來了嗎？」朱棣愣了半天，方恍然大悟。

by **傳說**

從老師這裡學到不少東西，原來對孝的解釋不僅僅是一個方面，孝不只有一種解釋，因為我們日常生活中的孝不僅僅在物質或精神上。我孝敬我父親就是身心方面的孝，而我的兒子孝敬我則是口體上的孝。真正的孝應該首先是在精神上，然後才是在物質上。

by **曾參**

訪客小檔案

① **子游**，姓言，名偃，字子游，孔子的弟子。

② **赫爾德**（1744—1803），18世紀德國哲學家、文學評論

家、歷史學者及路德教派神學家。他在德國18世紀文學復興扮演極為重要的角色，同時他也影響了「狂飆及躍進時代」的興起和浪漫主義文學。

③ **馬基維利**（1469—1527），文藝復興時期義大利佛羅倫斯人，政治家、歷史學家、詩人。

發表你的留言

NAME：

E-mail：

內容：

發 表

丁亥年一月　天氣　　今日心情

識人的藝術

君子周而不比，小人比而不周。　　　《論語・為政篇》

看相的人滿大街都是，這些不學無術的人只會從面相、骨骼和掌紋上去猜測一個人的命運，只知皮毛不知其裡，純屬封建迷信的做法。難怪官差有時會以妖言惑眾的罪名逮捕他們，放到大牢裡蹲幾天。

要我說，瞭解一個人，應該看他言行的動機、觀察他所走的道路、考察他安心做什麼，這樣一來，這個人如果想隱藏自己的本來面目，怎麼能隱藏得了呢？而一個人將來的命運如何，是不是人才，就要看他的才幹。如果像器具那樣只有一方面固定的用途，那前途也不大。只有博學多技，擁有多種才能的複合型人才能為社會貢獻更多的力量，所謂君子不器，說的就是這個道理。

不過話還要說回來，君子必然博學，但博學者未必都是君子。關於「君子」，我的想法是，合群而不與人勾結的可以叫做君子，不合群卻熱衷與人勾結的則是小人。看看我

29

們這個時代，小人多於君子。這些小人除了結黨營私之外，在生活中往往空口說白話，承諾的事情不去做，毫無誠信可言。所以子貢有一次問我怎樣做一個君子，我的答案是：對於你要說的話，先付諸行動了再說出來。

事實上，我對子貢所說的只是君子人格修養的一方面，但可以叫他們一點一點地去做君子。如果一下就給他們一個關於君子的定義，那麼就無法讓他們自然而然地走上君子之路。因為假如他們預先知道所謂君子的含義，那麼他們就必然會為做君子而君子。

在我的眼裡，稱得上君子的，顏回算一個。我整天講學給顏回聽，他從來不提反對意見和疑問，像個蠢人。等他退下之後，我私下考察時卻發現，他是最能在我所教授的思想中提取養分的人，能不斷地在生活中修正自己，甚至對我所說的一些東西還有更好的發揮和完善，所以說他比較符合君子的形象。

說起顏回，說起學習，我想起我的學生們曾在教室的牆上貼過我的話「溫故而知新，可以為師矣」、「學而不思則罔，思而不學則殆」。這是近期我對學習的想法，與學生們討論過。我想，只要學生們有正確的人生觀、正確的處世方式和學習技巧，對於那些錯誤的東西自然會有自己正確的看法。

分類：周而不比 ｜ 人氣（61127） ｜ 留言（5）

留 言

試玉要燒三日滿，辨材須待七年期。孔老師開部落格好久了啊，路過，學習。

by 白居易[1]

人類的一切不幸導源於一件事：不知道獨自待在房間裡休息。孔先生閉門讀書，既不惹是生非又有思想方式的進行，可喜，可賀，可學習！

by 帕斯卡[2]

溫故而知新，這是歷史經驗論，應該打倒的。

by 海頓·懷特[3]

為何要周而不比？因為「周」是在「禮」的範圍之內，大家在一起是符合禮制的，不會破壞規則，之所以「不比」，是

要保持個人的獨立性、完整性，不讓人格在小圈子中被磨掉，所以要周而不比。而小人比而不周，就因為小人要成群結黨以獲得利益，而不是為了學問、修養、仁義，所以孔老師接下來說「君子不器」。「器」是具體的，是為了某方面的利益而存在的；君子「不比」，不為追求某方面利益，所以「不器」。

by 路人甲

樓上說的對，所以雖然孔老師的文章有時看起來跳躍性大，但其實有著內在的聯繫。讀他的文章要細細琢磨，找到內在的那條線索。

by 黑格爾[④]

訪客小檔案

① **白居易**（772—846），唐代詩人，字樂天，號香山居士，今陝西渭南人。他是唐代偉大的現實主義詩人，現存白詩近三千首。

② **帕斯卡**（1623—1662），是法國17世紀著名的數學家、物理學家、哲學家、思想家。他的主要著作是《鄉巴佬書

信》和《沉思錄》。

③ **海頓・懷特**（1928— ），當代美國著名思想史家、歷史哲學家、文學批評家。

④ **黑格爾**（1770—1831），德國著名哲學家，是19世紀德國古典哲學的集大成者，代表作《小邏輯》。

發表你的留言

NAME：

E-mail：

內容：

發 表

丁亥年一月　天氣 ☁　今日心情 😐

崇禮不可越禮

> 八佾舞於庭，是可忍，孰不可忍也！
>
> 禮，與其奢也，寧儉；喪，與其易也，寧戚。
>
> 《論語・八佾篇》

　　如今正值春秋末期，奴隸制處於分崩離析的狀態，時有違犯周禮、犯上作亂的事情發生。比如魯國正卿季孫氏，竟然敢用六十四人在自己的庭院中奏樂舞蹈。不光如此，照規定他只能欣賞四人一排的舞蹈，他居然照著天子的排場，擺出八人一排的舞蹈，看來他已經不把君王與禮法放在眼裡。這種事他都有臉去做，還有什麼無恥的事他做不出來呢？如果這錯誤我們也忍讓，那麼世界上就再也沒什麼不能忍讓的了。

　　事實上，季孫氏的無恥不止如此。眾所周知，我的弟子冉有是季孫氏的家臣，他告訴我說：季孫氏竟然還打算去祭祀泰山！要知道祭祀泰山是天子和諸侯的專權，而季孫氏只是魯國的大夫，他竟然也去祭祀泰山，這實在是「僭禮」的惡劣行徑。我問冉有：「你難道不能勸阻他嗎？」冉有說他

http://www.Confucius.com.Chou/

沒法阻止。

和季孫氏一樣荒唐的還有孟孫氏、叔孫氏，他們和前者一樣，祭祖完畢撤去祭品時，也命樂工唱《雍》這篇詩：「相維辟公，天子穆穆。」這兩句的意思是「助祭的是諸侯，天子嚴肅靜穆地在那裡主祭」。這樣的詩歌，怎麼能用在你三家的廟堂裡呢？真是千古荒誕之事。一個人沒有仁德，他怎麼能實行禮呢？一個人沒有仁德，他怎麼能運用樂呢？這三家既然沒有仁德，再使用禮樂就讓人哭笑不得了。

今天下午林放到客棧來，問我什麼才是禮的根本。聯想起三家的所作所為，我回答說：「就禮節儀式的一般情況而言，與其奢侈不如節儉；就喪事而言，與其儀式上治辦周備不如內心真正哀傷。」

如今的時代啊，真是可笑，林放不過是普通人，卻還知道向我學習「禮」的含義，而那些達官貴人卻無恥到了那種程度。不過話說回來，雖然他們無恥，但被祭祀的泰山之神應該還是聰明正直的，季家這種拍馬屁的人，神又怎會幫忙呢？

分類：禮樂之道　|　人氣（71234）　|　留言（6）

35

留 言

老師，你今天還談到了「夷狄之有君，不如諸夏之亡也」，這可不好啊，怎麼能說「夷狄文化落後，雖然他們有君主，卻還不如沒有君主的中原諸國」呢？這可是開了大漢族主義的源頭，以後得留意了，不然隔牆有耳，挑起民族問題可就麻煩了，要知道宗教、民族與政治問題弄不好是要殺頭的。

by 冉有[1]

拜託啦，冉有同學，咱們這個時代還沒有「漢族」這種說法。

by 子由[2]

孔老頭乖乖閉嘴吧，現在時代不同了，天子做得的事我怎麼就做不得了？小心我找人暗殺你。別說六十四人，我就是用六百四十人你都沒辦法，哼⋯⋯

by 季氏[3]

孔先生講禮樂，已注重「禮之本」及「樂之原理」，不只講形式節奏矣。

by **馮友蘭**

魯國的姬宋曾問：「君主怎樣使喚臣子，臣子怎樣侍奉君主呢？」鑒於魯國禮樂崩壞的事實，老師告訴他：「君主應該按照禮的要求去使喚臣子，臣子應該以忠來侍奉君主。」上級下級的關係本來就不應該與手段扯上關係，而應該按道德與禮節來相處。老師實乃以禮為重。

by **顏淵**[4]

孔子提倡禮——這個禮與「仁」是聯繫在一起的。凡事合禮，意味著社會各層級都安分守己，好好地待在自己的位置上，天下就不會亂，人民就會安心於生產與文化，就可以人人皆為堯舜——這就是「仁」了。有時候你看孔子強調一些似乎與「仁」無關的概念，其實不是這樣，那些概念也是在圍繞著「仁」言說，並由此構成了「仁」的內容。

by **路人甲**

訪客小檔案

① **冉有**，春秋時儒者。姓冉，名求，字子有。魯國人。孔丘

弟子。曾為魯國貴族季孫氏家臣。

② **子由**，姓仲，名由，字子路。是孔子的弟子，為衛國蒲邑宰，亦是大夫孔悝的家臣。

③ **季氏**，魯國自宣公以後，政權操在以季氏為首的三桓手中。昭公初年，三家又瓜分了魯君的兵符軍權。

④ **顏淵**（前521—前481），字子淵，一作顏回，魯國都城（今曲阜）人，係顏路（孔子早期弟子）之子，是孔子最得意的學生，孔子七十二門徒之首。

發表你的留言

NAME：

E-mail：

內容：

發 表

丁亥年一月　天氣 ☀　今日心情 🙂

繼承周禮傳統並非「形式主義」

祭如在，祭神如神在。子曰：「吾不與祭，如不祭。」

《論語·八佾篇》

　　這兩天我和大家一直在談論所謂的「禮」，事實上不同的場合應該有不同的禮儀，不同的禮儀目的不同，舉行者也應該不同。上一篇文章中我說季氏無恥，原因就是因為他們不懂禮儀的區別，用了天子之禮！

　　今天我受哀公的邀請，與魯國的一些官員討論建設國家綜合實力的問題，其間也談到了我的上一篇文章，因此有人便問我對祭祀祖先是何看法，我就說：「如果不親身參加祭祀，那就跟沒有舉行祭祀一樣。」因為祭祀祖先就要像祖先真在面前，祭神就要像神真在面前，排場不排場並不重要，重要的是要表裡如一地對待你所做的事，能做到如此認真，那治理天下也自然就會認真了。

　　聊天聊到一半時，又有人問我關於舉行「禘祭」的規定。我忍住氣憤握了一下自己的手掌說：「我不懂的。真懂

這個的人任何大事對他來說都輕而易舉。」魯國的禘祭中名分已經顛倒，不值得一看，所以這人問我關於禘祭的規定時，我故意說不知道。孰不知，禘祭可是禮的最高層次啊，要是弄清楚了這個，治理天下也不是難事了！

事實上，有關禮的這些問題之所以讓我生氣，是因為現如今社會紛亂的根源就是人們不知禮。要知道周朝的禮儀制度借鑒於夏、商二代，非常豐富多彩，所以我覺得大家應該遵從周朝的制度，也就是說我們應該按照傳統的禮儀來重新建立人與人之間的社會關係，必須對現在的錯誤加以改正，而不能隨波逐流。因為沒有制度社會一定混亂，沒有好的制度社會也不會和諧，不能任由這些錯誤的東西繼續下去了，周禮才是我們唯一可以信賴的制度。有人說禮太繁複太形式主義，但我要告訴你們，禮就像你們今天說的法一樣，程序和內容同樣重要。

分類：祭神如神在 ｜ 人氣（81421） ｜ 留言（4）

留 言

孔老師極少言天，在這裡又說了天，要看如何去理解了。我的理解是：這「天」一來指人性化的天，二來指仁義。

by 章太炎

對於傳統的信仰之態度，孔老師亦是守舊的。

by 馮友蘭

當社會向前「進步」的時候，我想老師是個反潮流者，努力讓社會回到周朝的盛況。正因為如此，老師才會為許多正在消失的禮儀而追懷與傷感，會為人心不古而憂患，老師是一個向後看的人。

by 子夏

委曲便會保全，屈枉便會直伸；低窪便會充盈，陳舊便會更新；少取便會獲得，貪多便會迷惑。所以有道的人堅守這一原則作為天下事理的範式，不自我表揚，反能顯明；不自以為是，反能是非彰明；不自己誇耀，反能得有功勞；不自我矜持，所以才能長久。正因為不與人爭，所以遍天下沒有人能與他爭。古時所謂「委曲便會保全」的話，怎麼會是空話呢？它是實實在在能夠達到的。

（「曲則全，枉則直，窪則盈，敝則新，少則得，多則

41

惑。」是以聖人抱一為天下式。不自見，故明；不自是，故彰；不自伐，故有功；不自矜，故長。夫唯不爭，故天下莫能與之爭。古之所謂「曲則全」者，豈虛言哉？誠全而歸之。）

by 李耳

發表你的留言

NAME：

E-mail：

內容：

發 表

丁亥年三月　天氣 　今日心情 ☹

真正有仁德的人在任何時候都講仁德

里仁為美，擇不處仁，焉得知？

不仁者不可以久處約，不可以長處樂。仁者安仁，知者利仁。　　　　　　　　　　　　　　　　《論語‧里仁篇》

　　雖然就快春天了，但一直陰雨連綿，讓人不欲出門。今日閒來無事，獨自坐在家中思考「仁」，有些想法，聊記於此。

　　——我們真正的學問所在，要以仁為標準；我們的學問和修養沒有達到仁的境界，就不算是真正的智慧。為何這麼說呢？我們這個時代有學問的人很多，不仁者也很多，而兩者是有重合的，知識並沒有給他們帶來仁德，只是成為他們不仁的工具，這種沒有道德的知識與學問，不算是真正的修養，也不算真正的智慧。所謂「里仁為美」是也。

　　——沒有仁德的人不能長處困境，也不能長處在優越的環境。沒有真正的修養，就會失意忘形，得意也忘形。安貧樂道與高貴不淫都極不容易，這當然是一種境界。懂得了仁的本質，好好地把握，成為一種自然而然的準則，然後才能走

向智者善加利用的階段。我所提倡的仁絕不是抽象的概念，不能給人帶來益處是沒有意義的。

——只有仁者才能愛人和恨人。有仁德之人因為有內心的標準，所以愛恨分明。和稀泥的人也很多，之所以和稀泥就是因為沒有個「仁」作判別人與事的根本標準。如果立志於仁作為追求，境界又不一樣，這時候看善是善，看惡是惡，因為仁者的責任是引導、改變惡為善。

——富貴是人人都想要得到的，但如果不用正當的方法，就不要去擁有；貧賤是人人都厭惡的，如果用歪門邪道去擺脫它，它則是不可能擺脫的。君子如果離開了仁德，又稱得上什麼君子呢？君子沒有一頓飯的時間背離仁德，就是在最緊迫的時刻和顛沛流離的時候也會遵循仁德。人活著如果見異思遷，為了利而去做不仁的事，這樣活著就沒價值了，我認為在任何時候都應該講仁德。得意的時候要靠「仁」成功，失敗了要靠「仁」而安穩。

——我沒有見過崇尚仁德的人，去真正厭惡不仁的人。愛仁德的人修養無可比擬，一個仁者看到不仁者，應該是同情和憐憫他，想辦法把他改變過來，這才是真正仁者的用心，否則就不稱不起「仁人」。如果把自己的力量用在實行仁德上感化包容他人，我還沒看見過力量不夠的。這種人可能還是有，但我沒見過！

傍晚下起了中雨。這場雨過去，春天的影子就會顯現在大地上了吧！仁就像春天一樣，那種明媚、暖和與燦爛的境界可以讓人歡樂。但迎來春天是需要耐心的，就像修習為仁者一樣。

沒有學生來，一個人聽著雨聲，想著關於仁的事，就宛如在微笑著等待庭院中那一樹梨花的開放……

分類：仁者安仁 ｜ 人氣（41538） ｜ 留言（6）

留 言

「里仁為美」難道不是講跟有仁德的人住在一起才是好的？早知這樣我就不用把家搬來搬去的了，真麻煩。都怪教材老，學文言文，歧義太多。

by 孟母

母親，您搬家是對的，不然我就成了個盜墓賊或殺豬賣肉的了，就不會學習到孔老師的「仁」，也不會成為「亞聖」。

by 孟軻

這樣理解也行：買房時要選擇一個人文環境好的社區，與有仁德的人們居於一地，受他們的影響也好。為了孟軻小朋友，就暫且這樣理解吧，嗯。其實對經典也不必有固定不變的理解，仁者見仁，智者見智。不仁不智者什麼都不見。凡有理解就是好的。

by **孔丘**

未必環境決定人吧？我看你們都是環境決定論者，太狹隘了。如果一個人真的有毅力有恆心，想出淤泥而不染，就算天天住在菜市場上，我看也可以自學成仁。你們看我，在寺廟裡讀書，不也成了氣候嗎？我也沒受環境影響做了和尚。

by **范仲淹**[1]

樓上的說得可輕巧，我這個時代沒有寺廟，叫我如何向你學習？

by **孟軻**

孔子一般很少直接說仁的內容，現在說了一些。但他仍然沒有定義什麼叫「仁」，而是言說仁的構成內容、元素。這是

他的聰明之處：仁是一個鮮活的東西，一旦定義就死掉了，
所以不定義它，只說它的側面，讓人從人格、處事、修身、
心態等各方面去感受什麼是仁。

by 路人甲

訪客小檔案

① **范仲淹**（969—1052），字希文，吳縣（今屬江蘇）人。
北宋著名的政治家、軍事家、文學家。

發表你的留言

NAME：

E-mail：

內容：

發 表

丁亥年三月　天氣　　　今日心情 ☺

提高修養要注意什麼

朝聞道，夕死可矣。

君子懷德，小人懷土；君子懷刑，小人懷惠。

《論語‧里仁篇》

　　有個弟子看了我昨天的部落格，認為部落格上寫的是關於仁的體與用，但究竟如何修煉才算成為一個仁者，他希望我講一點方法論。

　　事實上一個人的過錯往往都是社會關係的因果，看看別人的過錯，我們可以不斷修正自己，改善自己的所作所為，這本身就是一個尋求仁德的過程。要知道，人是整個社會的一員，一個人的一生不可能不犯錯誤，犯了錯之後迅速改正，並且從別人的錯誤中提取經驗，從他人的不良中找到仁德的指向，這是我們最終走向仁德的必經之路。

　　我曾經對自己的弟子說過這樣一句話：「朝聞道，夕死可矣。」意思就是說，追求仁德真理是人一生的事情，需要堅持那種頑強精神，哪怕是臨死前明白了什麼是仁德，什麼

是做人的大道，那麼即便是死了也是可以瞑目的！而一個人假如有志於求索仁德之道，那就必須學會抵禦物質的腐蝕，因為物質生活會分散人們的注意力，會讓人的欲望越來越強，進而迷失本性，走向仁德的反面。一個人做任何事情都不要只考慮眼前利益，不要留戀升官發財，而要明白，一個人想有所作為受人尊敬，那麼做事情最先考慮的應該是是否有悖仁德的準則。

而這恰恰是君子與小人的區別，君子考慮的是道德問題，而小人考慮的是土地所有權問題，因為千百年以來土地一直是最昂貴的財富嘛；君子最怕的是違反自己的德行，就跟害怕犯法一樣，而小人則處處講利益，只要有利可圖就什麼都不管了。然而為追求最大利益做事，肯定會招致更多的怨恨。所以說「君子喻於義，小人喻於利」。

有學生提出以後打算從政，那從政與仁的關係是什麼樣的？我告訴他，能夠用禮讓原則去治理國家，那還有什麼困難呢？如果不能使用禮讓原則，又怎麼能實行禮呢？

分類：君子懷德 ｜ 人氣（81690） ｜ 留言（2）

留言

孔子提到了「道」，這個概念是他的文章中提得最少的。並且他也沒有定義什麼是道。這個詞有時被當做最高存在，有時又是抵達「仁」的途徑與方法。而這個「道」在孔子那裡無疑是最終極的東西，不要說抵達「道」，只要聽說了它，立刻死去都無憾了。「道」是孔子的最終真理，別的只是二級真理。但最終極的真理不能直接說出，所以要不斷地言說二級真理，以讓學生們感覺到「道」的存在。

by 路人甲

「利」在儒家中一直與小人聯繫起來，就因為利是阻礙通往「道」的主要原因。就像耶穌的教門所認為的：富人進天堂比駱駝穿過針眼還困難。我們看到在那個時代的文化中，對「利」都是持排斥態度，當然儒家這種其實比較形而下的學派。「利」會被提出作為「義」的對立概念。

by 章太炎

丁亥年四月　天氣 ☀　今日心情 ☺

說多與說少的問題

> 君子欲訥於言，而敏於行。
>
> 事君數，斯辱矣；朋友數，斯疏矣。　《論語·里仁篇》

　　在我的學生中，宰我是比較調皮的一個，又經常多嘴多舌。雖然我也經常喋喋不休地教育學生，但我這不叫多話，而是一個教育者必須的言傳身教，但宰我不是這樣。中午我正在休息，他氣呼呼地衝進來，嚷嚷：「老師呀，他們又說我不會說話，我真那麼不會說話嗎？到底怎麼說才叫會說話？」

　　我看他那滿肚子怨氣的樣子，就讓他先坐下，給他倒了杯水。等他平靜下來，子游也來了。我們移座到門外那株桃樹下說話。

　　關於說話的藝術，我告訴宰我，前人不輕易把話說出口，更不要說空話，因為害怕自己做不到。不像今天的人，先把話說出來撐起台面，以後不要說做不做得到，許多人乾脆就不去做。所以放蕩的人容易犯錯，講話隨便的人容易失

去信用。

　　宰我自尊心比較強，我也不好多說，只以兩句話贈他：「君子欲訥於言，而敏於行。」也就是說不能光耍嘴皮子，要少說多做，把說話的精力放在做事上，多好。

　　這個話題說得差不多了，宰我問我曾說過的「德不孤，必有鄰」是什麼意思。我告訴他，這不是說有德之人選一個住處的首要條件是找同樣有德之人，而是指自己有了道德，自然會影響身邊的人。這種影響，除了行為上的影響之外，說話的方式也很重要。

　　宰我問子游有何想法。子游認為，侍奉君主太過殷勤就會受到侮辱，對待朋友太熱情就會被疏遠了。其實這話潛在的含義就是——對待上級與朋友都做到合禮合情，執中庸之道，也就是居於仁境之中了。後人所說的「不卑不亢」也合此理。

分類：相交之道　|　人氣（92008）　|　留言（5）

留　言

宰我兄弟，你話多就意味著對朋友太煩瑣，所以大家煩你。

by 子游

謝謝子游，我知道了做人與交友的原則，要少許諾而多幫朋友做事。少許諾叫謹慎，答應了一定去做到，而聰明的人呢，則是不許諾。想到這些，亂說。

by 宰我①

這裡把子游這幾句話，放在講仁道這一篇的最後，是含有深意的感慨。但是如果隨時隨地把這兩句話記牢，做人家的部下也好、朋友也好，就變成滑頭、不負責任了，那又不是仁道。所以我們研究了孔孟學說，懂得了人生，才知道做人真不容易，的確需要多體會歷史、多體會人生，然後才能做到「造次必於是，顛沛必於是」，隨時隨地裡居於仁道之境了。

by 南懷瑾②

交友之所以被儒家反復提起，就因為這是個人與社會發生關係的關鍵點，個人的修養學問如何，在交友中體現出來；反過來，如果在交友中注意到各個層面，那麼個人的修養也就

到家了。

by **路人甲**

聰明的智者不多說話，而到處說長論短的人則不是聰明的智者。塞堵住嗜欲的孔竅，關閉住嗜欲的門徑，不露鋒芒，消解紛爭，挫去人們的鋒芒，解脫他們的紛爭，收斂他們的光耀，混同他們的塵世，這就是深奧的玄同。達到「玄同」境界的人，已經超脫親疏、利害、貴賤的世俗範圍，所以能為天下人所尊重。

（知者不言，言者不知。塞其兌，閉其門；挫其銳，解其紛；和其光，同其塵，是謂玄同。故，不可得而親，不可得而疏；不可得而利，不可得而害；不可得而貴，不可得而賤。故為天下貴。）

by **李耳**

訪客小檔案

① **宰我**，姓宰，名予，字子我。魯人，是孔子弟子。

② **南懷瑾**（1918— ），出生於浙江溫州樂清。國學大師，

　　傳統文化的積極傳播者，其著作多以演講整理為主，內容
往往將儒、釋、道等思想進行比對，別具一格。

發表你的留言

NAME：

E-mail：

內容：

發　表

丁亥年六月　天氣 ☁　今日心情 ☺

說說我的徒弟們

邦有道，不廢；邦無道，免於刑戮。

道不行，乘桴浮於海，從我者，其由與？

《論語·公冶長篇》

　　算一算，到今天我開門授課匆匆數十年，弟子收了不少，其中有優秀的，也有一般的。這些弟子中有一些看上去很一般，甚至落魄，最終卻有所作為；還有一些，外在很好，但其實也就是個花瓶。

　　今天沒什麼事情可以記述的，我就在這裡品評一下我的弟子吧！（此處排名，無關優劣。）

　　一、　公冶長：這是我的女婿。我肯把女兒嫁給他，自然是認為他一定會有所成就的，但可惜的是他現在正在坐牢。不過需要解釋的是，如今這個時代，坐牢不代表一定有罪，公冶長的情況正是如此。在我看來，他的人品德行和做事的能力都是非常棒的，所以說這個人的未來一定美好。

　　二、　南容：這也是一個頗有智慧的才子，而且懂得如何

輔佐國君治理國家。假如他所在的國家，國君有道，那麼他肯定能當大官；假如他所在的國家，國君無道，那麼以他的智慧，也一定能想出免去刑罰殺戮的辦法。由此而論，他似乎有公冶長所不具備的一些能力，我打算把我哥哥的女兒許配給他。

三、 子賤：子賤這人的名字挺奇怪，姓宓，名不齊，字子賤。因為這名字，常受其他學生們的譏笑。但我必須得說，此人是個真正的君子。如果有人說魯國沒有君子的話，那麼我一定會告訴他，子賤就是一個君子。如果說這人不算君子，就沒有什麼人能夠稱得上君子了。

四、 子貢：大家的印象裡，一定覺得子貢是了不起的人才、君子中的君子，但在我看來，他對於社會的作用卻並不能用君子而來形容，而像祭祀中所用到的「瑚璉」。這是一種非常昂貴的器物，不是一般場合能用的。子貢這個人比較「高、貴、清」，因此我覺得重要場合子貢才有出現的價值和意義，平常是用不上的。

五、 冉雍：和前面幾個提到的弟子一樣，冉雍也是一個擁有仁德之心的君子。表面上看他呆呆的，不愛說話，但事實上，花言巧語是沒有任何意義的，靠伶牙俐齒去和別人辯論，那只會讓眾人討厭，只有默默地做，隨時隨地用仁德來要求自己，才能獲得別人的尊重。冉雍就是這樣的人，雖然

現在很多人都把他當做一塊木頭。

六、 漆雕開：說到他，我必須跟大家講個小故事。有一次，我問漆雕開想不想去做官，漆雕開回答說，自己對於做官這件事還沒什麼信心。我想這種事情擱在一般人頭上肯定會歡呼雀躍，連做夢都是走馬上任的情景。但漆雕開卻不是這樣，他之所以說自己沒做好準備，其實就是想再學習、積累一段，以提高自身的修為。像這樣不急功近利的人，我真的很喜歡。

七、 子路：子路是一個擁有軍事才能的人，假如一個國家擁有一千輛戰車，那麼完全可以交給子路指揮。除此之外，他還是一個勇敢而忠誠的人，是一個可以始終追隨我的人。不過需要說明的是，這傢伙雖然能耐不小，但是否可以做到一個「仁」字，我還真得打個問號。

八、 冉求與公西赤：在我心裡這兩個人和子路一樣，優點缺點都十分鮮明。冉求這個人，可以讓他在一個有千戶人家的公邑或有一百輛兵車的采邑裡當總管。公西赤可以讓他穿著禮服，站在朝廷上接待貴賓。但是這兩個人和子路一樣都需要打個問號，就是能不能做到「仁」現在我還真說不好！

分類：有道無道 ｜ 人氣（62119） ｜ 留言（5）

留言

傳說我坐牢的原因是這樣的，但我覺得不可信。故事這樣
講：因為我懂鳥語，有一次鳥對我説：「公冶長！公冶長！
南山有頭羊，你吃肉，我吃腸。」結果我忘記了，把整頭羊
連肚裡東西都吃掉了，鳥沒東西可吃，就想害我。後來又對
我説南山有頭羊，我跑去一看，羊沒看到，而看到一個被害
死的人，有口難辯，結果坐了牢。這個故事一方面表揚我的
語言能力強，連鳥語都懂，但另一方面也貶我貪財。

by 公冶長[1]

老師講的有關禮、樂、詩、書的知識，靠聽是能夠學到的；
老師講的有關人性和天道的理論，只靠聽卻是學不到的。

by 子貢[2]

起初我對人，是聽了他説的話便相信了他的行為。現在我對
人，聽了他講的話還要觀察他的行為。這是老師教給我的，
也是老師對我們的考察。

by 南容[3]

雖然孔子對學生的品評只是三言兩語，但不要小看了這三言兩語，它背後是以整個儒家的價值體系為背景的。並且，這種品評方式也影響了文化批評（包括人物品評），導致文化批評沒有系統性，只是品評，比如詩話就是這樣。這與孔子的品評不無關係，也影響了東方人的跳躍性思維的演進。而魏晉盛行的清談與品評人物，估計源頭也可以追溯到孔子對弟子的品評。

by 路人甲

樓上乃一家之言，但不無想法。

by 路人乙

訪客小檔案

① **公冶長** （前519—前470），姓公冶，名長，字子長。春秋時齊國人，亦說魯國人。孔子的弟子。

② **子貢**，姓端木，名賜，字子貢，又作子贛，亦稱作衛賜，春秋末衛國人，孔子的著名弟子，「孔門十哲」之一，

「言語科」的代表人物。

③ **南容**，即孔子的弟子南宮條，魯國人。

發表你的留言

NAME：

E-mail：

內容：

發 表

丁亥年七月　天氣 ☀　今日心情 😐

從理想看自我完善

> 願車、馬、衣、輕裘，與朋友共，敝之而無憾。
> 老者安之，朋友信之，少者懷之。《論語・公冶長篇》

　　今天我與一些學生一行人趕到陳國。一路上雖然也還順利，但我心中卻放不下還在魯國的學生，所以一直悶悶不樂，陪同我的子路也一路無語。後來大概是為了給我排憂解悶，他告訴我一件趣事：季文子每做一件事至少要考慮三遍。我一聽就樂了：「考慮兩遍也就行了。」智者千慮，必有一失，看來這人不知道這話。

　　晚上看我還是興致不高，顏淵、子路兩人就侍立在我身邊。我看他們也不怎麼開心，便讓他們說說自己的志向。子路搶著說：「願車、馬、衣、輕裘，與朋友共，敝之而無憾。」想想那種景象吧：一隊車馬，車上的子路意氣風發地與朋友們喝酒聊天，身著漂亮的裘皮衣服，而這些車馬和衣服都是子路拿出來甘願與大家分享的──真是豪氣而有富貴氣象的志向。

　　顏淵卻謙遜而低聲地說：「願無伐善，無施勞。」他希

望有最好的道德行為與成就，對社會有貢獻而不驕傲。看來兩人的志向差別真大。

　　子路性急，反問我的志向是什麼。我用十二個字答覆他：「老者安之，朋友信之，少者懷之。」——這是大同思想的實現，當然也是最難做到的。除非是聖人啊，所以我也是在朝著這個方向努力。

　　但是，我還沒有見過能夠看到自己的錯誤而又真心愧疚反省的人，這樣看來想要這個社會人人都做到有仁德，是多麼地困難。反之，自大而知錯不改的人越來越多了。但我相信即使只有十戶人家的小村子，也一定有像我這樣講忠信的人，只是可能不像我這麼好學罷了。

　　除了思考又思考、學習再學習，我們沒有完善自身人格與學問的更好的方法了。

分類：三思而行　｜　人氣（72363）　｜　留言（5）

留言

「願車、馬、衣、輕裘，與朋友共，敝之而無憾。」真乃大丈夫氣概。受子路兄影響，我也寫了一句：「安得廣廈千萬間，大庇天下寒士俱歡顏。」請指正。

by 杜甫①

生死中年兩不堪，生非容易死非難。劇憐病骨如秋鶴，猶吐青絲學晚蠶。

by 郁達夫②

孔子在陳國說：何不回魯國去啊！那裡的年輕弟子志大而狂放，想進取而不改舊習。孔子在陳國時為什麼還要惦念魯國那些狂放的讀書人呢？他們值得他惦記嗎？

by 萬章③

因為孔子說過，如果找不到言行合乎中庸之道的人與之交往，就只能同狂者和狷者交往了。狂者一味進取而不知畏懼，狷者卻遇事拘謹、退縮不肯惹是生非。孔子難道不想結交合乎中庸之道的人嗎？只是不一定能結交到這種少數派，所以才想結交次一等的人。所以，他會在陳國惦記魯國那些張狂的書生們。

by 孟軻

有關志向，孔門過於直接、功利了啊！天下人都知道美之所
以為美，那是由於有醜陋的存在；都知道善之所以為善，那
是因為有惡的存在。所以有和無互相轉化，難和易互相形
成，長和短互相顯現，高和下互相充實，音與聲互相諧和，
前和後互相接隨。因此，聖人用無為的觀點對待世事，用不
言的方式施行教化：聽任萬物自然興起而不為其創始，生養
萬物而不將之據為己有，為萬物盡了力而不恃其能，功成業
就而不自居。正由於不居功，就無所謂失去。

（天下皆知美之為美，斯惡矣；皆知善之為善，斯不善矣。
故，有無相生，難易相成，長短相形，高下相盈，音聲相
和，先後相隨。是以聖人居無為之事，行不言之教，萬物作
焉而不為始。生而不有，為而不恃，功成而弗居也。夫唯弗
居，是以不去。）

by 李耳

訪客小檔案

① **杜甫**（712—770），字子美，自號少陵野老，晚唐大詩
　　人，號稱「詩聖」。原籍湖北襄陽，生於河南鞏縣。初唐
　　詩人杜審言之孫。

② **郁達夫**（1895—1945），原名郁文，浙江富陽人。二十世紀著名作家。早年留學日本，1921年參與發起成立創造社。

③ **萬章**，孟子高足。一生追隨孟子，為孟子所喜愛。

發表你的留言

NAME：

E-mail：

內容：

發　表

丁亥年八月　天氣 ☁　今日心情 ☹

堅守志向方能成就大事

> 賢哉，回也！一簞食，一瓢飲，在陋巷。人不堪其憂，
> 回也不改其樂。賢哉，回也！　　　《論語‧雍也篇》

　　魯哀公不知從哪兒聽說我褒貶人物品評天下的事，他也對此發生了興趣。前幾天特意派人來跟我打個招呼，希望有機會能聽聽我的品評。難得一個君王對當下的人才狀況感興趣，我便答應了他的請求。

　　中午時分，魯哀公帶著季康子就到了，我請他們進屋坐下，然後把弟子們叫來，大家很快就聊到了正題。

　　今天我們所評的第一個人物是冉雍。冉雍字仲弓，他的父親出身於貧賤家庭，從階級標準來說是下等人，可是他的兒子冉雍卻資質非凡，是我的得意門生——我看人，更多看的是資質與修養才學，階級並不重要。「冉雍有帝王之才，可以做君王。」我說這話可把魯哀公嚇了一跳，他面色驟變後，看起來又鎮定住了。

　　冉雍一時有點不好意思，打斷了我：「子桑伯子這個人

怎麼樣?」我說:「此人還不錯,行為舉止直接簡練,近乎豁達。」冉雍說:「恭敬嚴肅,而行事簡要,按理說這是優點,但假如自己馬馬虎虎卻標榜從事工作是簡而要之,這恐怕就不好了。」

事實上,冉雍所言不錯,但也暗指對子桑伯子有點兒不服氣。不過在我看來,一個人有上進心總歸是好事,所以他獲得的也應該是鼓勵,而不是一瓢冷水。因此略略想了一下,我回答道:「耕牛的牛犢毛色很正,角也長得整齊對稱,人們雖不想用它做祭品,但山川之神難道會捨棄它嗎?有了資質還怕什麼呢?出身不要緊,要緊的是自己的能力如何。能力強別人要是不用你,天地鬼神都不會答應。」

魯哀公看我們離題了,又把話頭拉回來,問我哪個學生最好學。要我說只有顏回,他非但好學,而且「不遷怒,不貳過」。我之所以要刻意提出「不遷怒,不貳過」,是因為這兩個品質對君王來說尤為重要,我表面上說顏回,實則提醒魯哀公。除了好學,顏回對仁德的理解和把握也可以說達到了極高的境界:一般的同學,仁德之心總是閃爍不定,但顏回卻不然,仁德就是他精神世界的支柱。雖然他的生活清苦,一盒飯,一瓢水,住在窮巷陋室之中,但卻不改其志。富貴榮華在他看來毫不重要,他內心承載的是人世間的悲苦歡樂。我想對於一個年輕人來說,這一點是至關重要的。

　　季康子接著問：「可以讓仲由管理國家政事嗎？」仲由，就是子路，他做事往往太過果斷，從政不太合適。他又問端木賜（也就是子貢）怎麼樣。我說子貢太通達，看事太清楚，功名富貴不入眼，從政也不太合適。他又問冉求，我說冉求很有才能，名氣也大，卻也不適合從政。從政的人光有特點還不行，必須在各方面的行為和思想上都能過得去。我不放心這三個學生成為季家的得力助手，因為季家是魯國的權臣，氣勢囂張跋扈，我可不願讓自己的學生攪進爭權奪利裡去。但冉求一直在季氏家做事，所以我希望季氏最好別「重用」他。

　　過了一會兒，又有人問起孟之反。我認為他不喜歡誇耀自己：打仗敗退的時候他留在最後掩護全軍，快進城門的時候才使勁鞭打著自己的馬，對同僚們說：「不是我敢於殿後，而是馬跑得不快。」他的這種表現是不爭功的美德，同時也是避免同僚之間忌妒和摩擦的做法。

　　「祝如何？」有人又問起。我回答如果沒有祝那樣的口才，也沒有宋朝的美貌，那在今天的社會上處世立足就比較艱難了。祝是衛國大夫，很有口才，以能言善辯受到衛靈公重用；宋朝是宋國的公子朝，《左傳》中說他因為太過於美貌而惹起街道上的騷亂。我這麼回答，其實是諷刺現在用人只看口才與外表的不良風氣。沒想到你們今天的人此風更

盛。痛心啊！

分類：不改其樂 | 人氣（73045） | 留言（5）

留 言

所以說富而好禮容易，窮而樂就不容易了，窮而樂不僅是修養問題，還有天性在其中，像顏回這樣的人實在是少數。

by 孔丘

窮而樂──這在原始民族那裡是非常普遍的現象。

by 馬林諾斯基[1]

孔聖人注重人之有真性情、惡虛偽、尚質直，所以推崇顏回。而顏回之所以成為儒家的一個典範，就因為他符合了儒家輕利的思想。顏回窮，不言利，不追求利，但 「不改其樂」，就因為他一直是處在仁境裡的。這個形象非常符合孔子對「仁成肉身」的要求了。

by 馮友蘭

在我們這個軸心時代，基本每個教派與學派都把「利」視為負面價值，就因為這個時代處在一個由「利」支配的社會轉型時期。在社會價值上，「利」是作為普遍價值存在的，而這時的教派與學派基本上都是不與社會現實合作的，都是批判社會現實的，所以推崇的是「苦行」。可以說顏回正是儒家裡的「苦行」形象，所以千百年來儒家人士都把顏回樹為典範。

by 釋迦牟尼[2]

這種對弟子的品評，我實在看不出意義到底在何處。事實上，孔門的弟子其思想並非完全符合孔子的要求，這裡面有錯也有對，孔子以自己的主觀想法來臆斷別人，實在有些說不過去。

by 路人甲

訪客小檔案

① **馬林諾斯基**，波蘭人，現代哲學家、人類學家。

② **釋迦牟尼**，古印度釋迦族人，是佛教的創始人。釋迦牟尼

為尊稱，意為釋迦族的聖人。又被稱為佛陀（覺者）、世
尊等。

發表你的留言

NAME：

E-mail：

內容：

發　表

丁亥年九月　天氣　今日心情

真正的智慧在於不斷完善自我

質勝文則野，文勝質則史。文質彬彬，然後君子。

知者樂水，仁者樂山。知者動，仁者靜。知者樂，仁者
壽。　　　　　　　　　　　　　　　　《論語・雍也篇》

　　子游做了武城的長官，到家裡來告訴我。我問他在那裡
發現了人才沒有。子游回答，有一個叫澹台滅明的人，從來
不走歪門邪道，沒有公事從不到我的屋子裡來。

　　澹台滅明以前做過我的學生，學問也不錯，但就是長得
不好看。我沒有重視他，後來他走掉了。沒想到子游在武城
見到他時，發現他備受南方各國君主的歡迎。看來我當時是
錯了。

　　下午去給魯國的官員們開了個講座，主題是有關治學方
法與文藝方面的問題。在我看來，作為一個有所追求的人，
文化修養與人的本性應該相稱，這才算是君子。同時，在做
文章上，內容超過形式會顯得粗野，形式超過內容會顯得虛
浮。所以不但要講求立意，也要講求文采，這樣寫出的文章
才算過關。

　　「知之者不如好之者，好之者不如樂之者。」在學習這件事上，興趣是最好的老師。但人的資質是有差別的，對具有中等以上才智的人，你可以為他講授高深的學問，而對於中等水準以下的人，就不能為他講高深的學問。

　　說到才智，樊遲問我怎樣才算是智。我說：「專心致力於提倡老百姓應該遵守的道德，尊敬鬼神但要遠離它，就可以說是智了。」樊遲又問什麼是仁，我認為仁人把難做的事攬在人前，做出成果時他在人後，這樣的人便可以說是做到仁了。

　　那麼真正的智慧與愛心是什麼樣的呢？「智者喜歡水，仁者喜歡山。智者活躍，仁者沉靜。智者快樂，仁者長壽。」我如是概括。講到這裡，我不禁聯想到魯國，如今已經在很多方面都有所改善，但我也希望魯國的變化能影響天下的進步。當然，如今的社會畢竟沒有變化到王道大同的程度，周禮已經被歪曲得差不多了，國家雖然有所進步，但更多方面的治理還是失敗的。

　　正當我感歎的時候，宰我提了個讓人頭大的問題：「如果說有人告訴仁者，井裡掉下去一位仁人，他會跟著跳下去嗎？」

　　對於宰我這樣近於惡搞的問題，我並沒有太多的反感，

只是告訴他：「為什麼要這樣做呢？你可以到井邊去救啊，而不是跳進去，因為君子可能被欺騙但不可能被迷惑。」事實上，有關君子的概念，我還有其他一些想法，這不是一天能說清楚的。在我看來，君子應該廣泛地學習古代的文化典籍，以禮來約束自己，這樣就不會離經叛道，更不會跳進井中或被欺騙。

君子、中庸、仁，這是我思想的核心。中庸是一種道德，但現在的人幾乎喪失殆盡了。君子在乎禮義，但又有多少人能做到呢？至於「仁」，更是讓人鬱悶。有些君主似乎很願意以仁治國，但可惜的是，他們對仁的理解千奇百怪……

晚上回來後，子貢問我：「假若有一個人，他能給老百姓很多好處又能周濟大眾，可以算是仁人了嗎？」我說：「豈止是仁人，簡直是聖人了！就連堯、舜都難以做到呢！至於仁人，就是要想自己站得住，也要幫助人家一同站得住；要想自己過得好，也要幫助人家一同過得好。凡事能以自己作比而推己及人，可以說就是實行仁的方法了。」

分類：文質彬彬　|　人氣（43119）　|　留言（4）

留 言

以貌取人說的就是我啊。長得醜不是我的錯，那是上天的錯，讓我生下來時臉朝下，撲通一聲，然後什麼都別提了。

by 澹台滅明[①]

這倒讓我想起一個有趣的故事。古時候，有個教書先生不學無術，根本識不了幾個字，卻時常冒充飽學之士。有一天，有個朋友從京城回來探親，順便到學館來看望他。兩人剛坐下不久，正好有個學生問他晉文公的「晉」字怎麼讀；他壓根不認識這個字，又怕在朋友面前出醜，於是用紅筆在「晉」字旁畫一道，讓學生過一會兒再來問。不一會，又有一個學生問他衛靈公「衛」字的讀法時，他同樣不知，於是又用紅筆把「衛」字圈起來，也讓這位學生過會兒來問。又過了一會兒，一個學生問他「仁者樂山，知者樂水」的「樂」怎麼讀，他沒好氣地回答說：「讀成太陽落山的『落』字不就行了！」學生走後，這位教書先生問朋友說：「最近京城有什麼新聞嗎？」朋友回答說：「我離開京城的時候，只見晉文公被戳了一槍，衛靈公被紅巾軍包圍了。」先生聽了忙問：「不知他們手下的官兵怎麼樣了？」客人笑著說：「落山的落山，落水的落水。」

by 路人甲

山是靜的，仁者心胸博大可以盤桓於山中，仁者的心也是靜的，所以「樂山」；而水是動的，非要有智慧才能與水相處，智者有智慧，可以在動中得到快樂，所以智者「樂水」。

by 程顥[②]

雖然說仁者樂山智者樂水，並且儒家的最高價值源是「仁」，但孔子很少提到過山，其中有記載的是「登泰山而小天下」，但關於水，孔子有許多事蹟。為什麼呢？就因為智作為仁的不可少的補充，孔子要經常去看水與說水，以培養他的「智」。所以孔子不僅是個仁者，也是個智者。沒有仁的智是機巧，沒有智的仁是迂腐，所以要「仁智結合」。也只有做到了這一點，才能算是一個「文質彬彬」的君子──「文」是水（變動），「質」是山（穩定）。

by 路人乙

訪客小檔案

① **澹台滅明**（前512—？），姓澹台，名滅明，字子羽。春秋末年魯國人。相貌醜，品行端正。比孔子小三十九歲，孔子弟子。

② **程顥**，字伯淳，號明道。河南洛陽人。北宋著名儒家學者。

發表你的留言

NAME：

E-mail：

內容：

丁亥年十一月　天氣 ☀　今日心情 ☺

我的天命觀

> 富而可求也，雖執鞭之士，吾亦為之。如不可求，從吾
> 所好。
> 飯疏食、飲水，曲肱而枕之，樂亦在其中矣。不義而富
> 且貴，於我如浮雲。　　　　　　　　《論語・述而篇》
>
> 吾十有五而志於學，三十而立，四十而不惑，五十而知
> 天命，六十而耳順，七十而從心所欲，不踰矩。
>
> 　　　　　　　　　　　　　　　　　《論語・為政》

　　獨自在家閒居的時候，是我心情最舒暢快樂的時候。心
無雜念，安靜祥和，白日裡沒有瑣事煩擾，夜晚安靜入眠，
不夢周公。回憶起這些年自己的所為所想，感悟多了許多。

　　例如對於死亡，我對死亡的理解不似老子那樣「灑
脫」，在我看來生命是可貴的。這些年來，參加葬禮、去喪
家弔唁的時候，我從來都沒吃過飽飯，一整天都很悲傷，有
時忍不住還會大聲哭泣。因此，我對那些在別人的葬禮上擊
瓦唱歌的人非常不理解。事實上，我不問喪鐘為誰而鳴，為

你，為我，也為他，因為每一個人死了我都感覺是自己的一部分在死亡。

　　除了對於生命的看法之外，對於人才和自我修行，我也在不斷地思索。有一次我說：「用之則行，舍之則藏。這點恐怕也只有我與顏回能做到。」子路在旁邊聽了不服，問我：「假使你打仗，你帶哪一個？」我明白他的言外之意：「你總不能帶顏回吧！他營養不良，體力都不行，你總得帶我吧。」我笑著回答他：「赤手空拳和老虎搏鬥，徒步涉水過河，死了都不會後悔的人，我是不會和他在一起共事的。我要找的，必須是遇事小心謹慎、善於謀劃而能完成任務的人。」在用人上這就是我的態度，要智勇仁三全的。

　　至於在財富方面，我的看法則是這樣：如果富貴合乎於道，當然可以去追求，開句玩笑，就算給人執鞭這樣的下等差事我也支持去做，就像後人說的「君子愛財，取之有道」。但如果取得富貴不合於道就不能去追求，因為那就不是我了，放棄掉自己安身立命的準則了。而奢侈了就會越禮，節儉了就會寒酸，與其越禮寧可寒酸。對我來說，吃粗糧，喝白水，曲起胳膊當枕頭，快樂也就包含在這一切之中了。那不合義理的富足和高貴，對我來說，就像天邊的浮雲一樣。我真正謹慎小心對待的是：齋戒、戰爭和疾病這三件事。

　　我並不怕死，雖然我認為生之可貴。回想起那一年（前492年），我從衛國去陳國時經過宋國，桓魋聽說後帶兵要來殺我。當時我正與弟子們在大樹下練習周禮的儀式。桓魋砍倒大樹後，準備殺我，我也害怕。但我堅持一點，富貴與死亡對於我距離都一樣，不求財富同樣無懼死亡。後來，我在學生保護下離開了宋國，也許是上天安排我推行仁德的責任未盡的緣故吧。

　　我對人生的規劃是這樣的，十五歲要思考人生的志向，明確學習的目標；三十歲要確立人生觀和價值觀；四十歲信念堅貞融通左右權變之法。這樣到五十歲就能感悟天命大道，認清個人的歸宿。現在我六十已過，對各種人言已了然於心，通達人情世故不會煩心，想必過幾年到七十歲，就可以到達隨心所欲卻自然而然地遵從法度的境界了。你說，財富、權力、生死相比知天命而後的達觀而言，哪個更令人嚮往呢？

　　　　分類：富貴如浮雲　｜　人氣（73479）　｜　留言（5）

　　留　言

不夢周公，這是孔子感歎周朝的文化越來越式微的話。就連

他這種癡迷於周朝的人都「不夢周公」，更何況別人？這是一個隱語罷了。

by 孟軻

這個「夢周公」很有意思。周公是周朝文化的代表，孔子要托古改制，就得把周公提出來，而他不夢周公，暗藏著自己對托古改制寄予的希望越來越小。孔子被困時，不正在演繹周禮嗎？他認為自己如果是有仁德的人就不會受難，所以周公就成了他身上的「人格神」。其實孔子完全可以以周公作為一個偶像建立一種宗教。總之這個不夢周公的說法內涵很多，可以寫一本書，這裡不多說，打住。至於後世把夢周公作為學生打瞌睡的另一種說法，那就是非常字面上的理解了。

by 路人丁

舍之則藏。藏哪裡？萬人如海一身藏。

by 蘇東坡[1]

丹青不知老將至，富貴於我如浮雲。孔先生，不好意思，好

像我抄襲了您。

by 杜甫

孔先生，我也不好意思，我還寫了本《子不語》，專談你不
肯談的，那個紀曉嵐也寫了本《閱微草堂筆記》，蒲松齡寫
了《聊齋志異》，大學者王漁洋寫了《池北偶談》，我們的
時代就這樣充滿了您所不欲言的東西。

by 袁枚②

訪客小檔案

① **蘇東坡**（1037—1101），原名蘇軾，字子瞻，一字和
仲，號東坡居士。眉州眉山（今屬四川）人。北宋文學
家、書畫家。

② **袁枚**（1716—1797），字子才，號簡齋，晚年自號蒼山
居士，錢塘（今浙江杭州）人。清代詩人、詩論家。

丁亥年十二月　天氣 ☀　今日心情 😐

別人指出自己的錯誤也是幸運的事

其為人也，發憤忘食，樂以忘憂，不知老之將至云爾。

《論語·述而篇》

楚國的大夫葉公向子路問我是個什麼樣的人，子路不答。我對子路說：「你為什麼不這樣說：『他這個人發憤用功，連吃飯都忘了，快樂得把一切憂慮都忘了，連自己快要老了都不知道，如此而已。』」

這個禮樂崩壞的二流朝代，聖人，我是不可能看到了，能看到君子也就可以了；善人，我也不可能看到了，能見到始終如一保持好品德的人，也就可以了。沒有卻裝作有，空虛卻裝作充實，窮困卻裝作富足，這樣的人怎麼會有恆心保持良好的品德呢？但我不認為仁離我們很遠，只要我想達到仁，仁就會到來。

那年衛國發生了震驚天下的「父子爭國」事件，事情大致如此：衛靈公世子蒯聵，曾涉嫌謀殺其母南子，未遂逃往晉國避難。衛靈公死後，南子欲立公子郢為君，公子郢謝

絕，讓與蒯聵之子輒。晉臣趙鞅以此為藉口，挾其父侵佔衛國的戚城，第二年齊景公派國夏和衛石曼姑率軍圍戚，想阻止蒯聵奪王位，制約晉國的政治陰謀。當時，我正好在衛國。因為衛君輒很尊重我，待我為上賓。有一天冉有擔心地問子貢：「咱們老師會幫助輒君嗎？」子貢說：「我也心裡沒底，我去問他。」子貢硬生生地問我：「伯夷、叔齊是什麼樣的人呢？」我說：「古代的賢人。」子貢又問：「他們互相怨恨嗎？」我說：「他們求仁而得到了仁，為什麼有怨恨呢？」子貢聽了出去對冉有說：「老師不會幫助衛君的。」這事後來子貢告訴我了。我當時不明白他們問我的緣由，後來才明白了，自己本來磊磊落落，但是身處特殊環境中，難免遭人誤解。弟子們是怕我捲入一觸即發的戰爭中去啊！

互鄉那個地方的人很難交談，但我今天下午卻接見了互鄉的一個童子，學生們都感到迷惑不解。我告訴他們說：「我是肯定他的進步，不是肯定他的倒退。何必做得太過分呢？人家改正了錯誤以求進步，我們就該肯定他，不要死抓住他的過去不放。」由此，我忽然想起一件事。那年陳國的司敗問：「魯昭公懂得禮嗎？」我說：「懂得禮。」我出門後，陳司敗向我的弟子巫馬期作了個揖，請他走近自己，對他說：「我聽說君子是沒有偏私的，難道說像孔子這樣的君

子也會包庇別人嗎？魯君在吳國娶了一位女子，與國君同姓，（《春秋》記載，魯國第十個君主娶吳女為妻，同為姬姓，按禮制規定娶妻不娶同姓，二人相婚，顯然非禮。）稱她為吳孟子。如果魯君算是知禮還有誰不知禮呢？」巫馬期把這些話告訴了我，我感歎道：「這也算是我的一種幸運吧，只要是犯了錯，人家一定會知道。」

所以我向學生說：「如果說到聖與仁，那我怎麼敢當！不過向聖與仁的方向努力而不覺得厭煩，教誨別人也從不感覺疲倦，只是這樣罷了。」

今天的感想，十個字：君子坦蕩蕩，小人長戚戚。自己對，被誤會也好，自己不對，被人指責也好，關鍵看態度端正不端正。被誤會甚至冤枉而不氣惱，被指出錯誤不狡辯，勇於接受、寬容別人，同時不斷完善自身，老之將至就不感到空虛、惋惜了。

分類：君子坦蕩蕩 ｜ 人氣（53560） ｜ 留言（7）

留 言

伯夷、叔齊的故事我知道，賣弄一下勿笑。此二人是親兄弟，父親是殷商時代的孤竹君。父親想立叔齊為國君。父親

一死，叔齊提出禪讓君位給伯夷，伯夷說，這是父命啊，不可以！結果兄弟二人都逃走了，人們只好擁立他們倆中間的老二為國君。周武王伐紂時，兩人一起死諫，批評他父死不葬、以臣弒君、不孝不仁。但武王聽從呂尚的勸告禮遇兩人。但是伯夷叔齊始終認為周滅商是一種恥辱，堅持操守、不吃周的糧食，最後在首陽山隱居餓死。《詩經》裡的《采薇》就是在哀歎他們。

by **過客**

孔先生有兩處提到誨人不倦，一處是「學而不厭，誨人不倦」，另一處就是這裡的「為之不厭，誨人不倦」。可以看出孔先生不但學習、更新自己的知識與修養，還把自己在知識、修養上的所得傳授給弟子們。兩個「不厭」說的是為自己，而「誨人不倦」則是為別人了。在他身上，為自己的目的最終還是為別人。

by **俞樾**[①]

樓上說得沒錯，這叫吃的是草，擠出來的是奶。聖人就是有聖人風範，不像現在的某些知識份子，吃的是奶，擠出來的是草。

by 魯迅

誨人不倦是很高的境界，能「誨人」已不易，再「不倦」，
更需要毅力與好脾氣，不過從這些文字中我們可以看出孔先
生是個脾氣很好的大教育家。

by 蔡元培[②]

我們看到孔子對自己的描述：樂以忘憂。孔子真的很樂嗎？
那倒未必，具體的煩心事還是有的。但這裡的樂指的是大樂
之境，而不是每日具體的心情。在這種大樂之境中，小的煩
惱也不會構成對樂的威脅。而「不知老之將至」，這指的是
在樂境中的奮發與努力讓他忘記了生命的有限性，生命在他
這裡不構成問題，不去思考抽象的生命，而只是去過好生活
中的生活，所以才感覺不到衰老將要到來。

by 路人丙

陳司敗，身為陳國大夫，不可能不知道魯君娶同姓女子不合
禮制。「問昭公知禮乎？」顯然是明知故問。孔子明知其目
的卻佯裝不知，仍回答「知禮」，他是寧可自己承認「君子

亦黨」的錯誤，也不願背負「居下訕上」之惡名。

by 仁者無敵

我們更應該把這一段夫子自道看成是他對自己的希望，而未必是現實……

by 馮友蘭

訪客小檔案

① **俞樾**（1821—1907），字蔭甫，號曲園，湖州府德清縣城關鄉南埭村人。晚清著名文學家、教育家、書法家。

② **蔡元培**（1868—1940），字鶴卿，號子民，紹興人。近代著名的民主革命家、教育家、思想家。

丁亥年十二月　天氣　☁　今日心情 ☹

人生任何時候都應當小心謹慎

曾子有疾，召門弟子曰：「啟予足！啟予手！《詩》云：『戰戰兢兢，如臨深淵，如履薄冰。』而今而後，吾知免夫，小子！」　　　　　《論語‧泰伯篇》

　　弟子曾參病了，他的幾個同學去他家探望。看來這次病得不輕，弟子們說他病得很重，差不多快死了，連手腳都已麻痺，沒什麼感覺了。

　　按照他們所說，曾參確實有些危險，畢竟生命的衰老與死亡往往從腳開始，越接近死亡腳越涼，然後是腿沒多少力氣。死亡並不是像六月的狂風暴雨突然就到來的，它是從生命的旺盛期一點點地從腳、小腿、膝蓋往上爬，從不再靈活的手指、手掌、手臂往上爬，最後爬到心臟與大腦，人就死了。

　　不過話說回來，雖然曾參身體羸弱不堪，但我覺得經過一段時間的休養，他還是能恢復過來的。而這一切最關鍵的就是他個人的意志力。

　　事實上，我們每個人的後半輩子都在與死亡一起度過，我們每天都會死亡一部分，所以面對死亡，沒什麼可怕的，

就像你不必害怕你身邊朝夕相處的熟人一樣。我相信曾參明白這個道理。

去探望他的人告訴我說，曾參把他的弟子們都叫來了，包括得意門生和平時比較調皮的弟子。弟子們懷著沉重的心情進了曾參的家門，圍在病床邊，等待老師的教導，其中包括他最得意的子思。

這時候曾參有什麼吩咐的呢？他既不是要吃要喝也不是呻吟，而是對弟子們說：你們在被子裡找找，看我的手在哪裡？我的腳在哪裡？唉，我的四肢都沒什麼知覺了。

有個調皮的弟子在旁邊說：「老師，你有什麼話要對我們說嗎？」曾參說：「《詩經》曾經說過：戰戰兢兢，如臨深淵，如履薄冰。我現在都這樣子了，也不會說大話哄騙你們。這幾句你們要牢記了：人一輩子不容易，要小心翼翼，如臨深淵，如履薄冰。尤其是在道德上，一不小心就會一失足成千古恨啊。」學生們都說記住了。

曾參又說：「要珍愛生命，注重健康，對自己身體也應該這樣。孔先生曾對我說過：身體髮膚，受之父母，不敢毀傷，孝之始也。對你們的身體也要小心翼翼地愛護，不要損傷。你們看，這一點我現在做到了，也許我馬上就可以免除對身體傷害的罪過了。」

人都是會死的，但臨終前是什麼狀態呢？有些人可能害怕得話都說不出來，有些人恨不得病情立刻好轉壽比彭祖，

但曾參不但不害怕死亡，還不忘幽默一下，開導學生，這正是我所期望與欣慰的啊！人生得一學生如此，足矣！

分類：如履薄冰 ｜ 人氣（83914） ｜ 留言（5）

留言

男人是不能在婦人手中停止呼吸的，所以曾參要把弟子們叫來啟發其手足。

by **劉寶楠**[1]

我的確這樣教過曾參：天之所生，地之所出，人為大矣，父母全而生之，子全而歸之，可謂孝矣。不虧全體，可謂全矣。故君子跬步之不敢忘也。

by **孔丘**

死去元知萬事空，但悲不見九州同。

by **陸游**

我讚賞曾子的觀點,「父精母血,不可棄也」。所以你們看在戰亂頻仍的三國,我的眼睛雖然被箭射中,成了一隻無用的眼睛,我不也是一口就把它給吞下去了嗎?

by 夏侯惇[2]

聖人生於世間,順應自然而運行,死後也像萬物一樣變化而去。平靜時跟陰氣一樣寧寂,運動時又跟陽氣一道波動。不做幸福的先導,也不為禍患的起始,外有所感而內有所應,有所逼迫而後有所行動,不得已而後興起。拋卻智巧與習慣,遵循自然的規律。因而沒有自然的災害,沒有外物的牽累,沒有旁人的非議,沒有鬼神的責難。他們生於世間猶如在水面漂浮,他們死離塵世就像疲勞後的休息。他們不思考,也不謀劃。光亮但不刺眼,信實卻不期求。他們睡覺不做夢,他們醒來無憂患,他們心神純淨精粹,他們魂靈從不疲憊。虛無恬淡,方才合乎自然的真性。

(聖人之生也天行,其死也物化;靜而與陰同德,動而與陽同波。不為福先,不為禍始。感而後應,迫而後動,不得已而後起。去知與故,循天之理。故無天災,無物累,無人非,無鬼責。其生若浮,其死苦休。不思慮,不豫謀。光矣而不耀,信矣而不期。其寢不夢,其覺無憂。其神純粹,其

魂不罷。虛無恬淡，乃合天德。）

by 莊周

訪客小檔案

① **劉寶楠**（1791—1855），字楚楨，號念樓，寶應人。經學大師。

② **夏侯惇**（157—220），字元讓，豫州沛國譙縣（今安徽亳州）人。曹魏大將軍，曹操的族弟。史有「夏侯吞睛」的故事。

發表你的留言

NAME：

E-mail：

內容：

發 表

戊子年三月　天氣　　今日心情

臨終的善言並非每個人都能說出來

鳥之將死，其鳴也哀；人之將死，其言也善。君子所貴
乎道者三：動容貌，斯遠暴慢矣；正顏色，斯近信矣；
出辭氣，斯遠鄙倍矣。籩豆之事，則有司存。

《論語‧泰伯篇》

　　今天天氣不是很好，一直下雨，但我還是決定親自去看
看曾參。一路上，我看見馬車在泥濘不堪的路上碾過，身後
留下兩道深深的車轍。人生也是一樣，誰都會留下痕跡，但
留下好的還是壞的就不一定了。如果這車從莊稼地裡駛過，
留下的肯定是壞的痕跡；如果從大道上駛過，留下的就是指
引後人前行的好痕跡。生死是一定的事，無法避免，而在死
亡的威脅面前，人會留下什麼樣的痕跡才更重要。

　　顯然，曾參留下的是好痕跡。

　　傍晚我到達曾家的時候，魯國的大夫孟敬子早就到了。
他是曾參的大對頭，這個時候跑來，很難說目的是什麼。但
是曾參卻並未表現出有什麼不愉快，反而在耐心地與孟敬子
交流著一些為人處世原則的重大話題。

也許是考慮到孟敬子可能對自己成見太深，不願意接受勸告，曾參便倚在床頭上，慢悠悠地對他說：「鳥要死的時候，叫聲會很悲切；人臨死的時候，說話會很誠善。」

事實上曾參這番話有兩層意思：一方面告訴孟敬子自己沒有惡意，另一方面告訴孟敬子要及早改正錯誤。

大約是覺得孟敬子逐漸放鬆了敵意，過了一會兒，曾參又對孟敬子說：「君子所重視的應有三方面：使自己的容貌謙和嚴肅，這樣可以避免粗暴、怠慢；使自己對人的態度莊重而隨和，這樣就接近於誠信；使自己說話的言辭和語氣謹慎小心，這樣就可以避免粗野和無理。」

對於曾參表達的觀點，我是贊同的。第一方面，所謂「色難」是也。要做到對人不粗暴不傲慢，謙虛而自信，這是很難做到的。在第二點上，儀態端正而謙和待人，也不容易做到。年輕人經常是二郎腿一蹺才回答別人，或者與人談話時摸頭撫背，這些都是不對的。而在說話語氣上，現在的人或者吹大牛，或者隨口就吐出髒話，粗鄙之貌讓人不堪目睹，語氣之低俗讓人不忍傾聽。

至於說第三個方面，我想現在的曾參就是最好的例子。在這種時刻，他仍然踐行著他所提出的三點，委實不容易。臨終的善言不是每人都有的，有些人臨死的時候不斷抱怨，

或者說氣話那也是很常見的。

分類：聖人常無心 ｜ 人氣（74190） ｜ 留言（5）

留 言

善言、善念、善行，我們的時代幾乎沒有了。

by **曾參**

善言──口吐蓮花，善念──要心中無嗔，善行──不是為了行善才善行，而是出於不假思索的自動自覺、知行合一。做到善言容易，怕事者往往善言，做到假的善行──為了「行善」這個念頭而行善。但要真正做到善念，那就不是容易的事。有了善言才有善念，有了善念才會有善行。

by **觀世音**

我們看到，在這篇文章中，提出了儒家重要的一個概念：善。這個「善」是什麼意思呢？當然與別的重要概念一樣，沒有定義，但卻也提出了內容：「使自己的容貌謙和嚴肅，這樣可以避免粗暴、怠慢；使自己對人的態度莊重而隨和，

這樣就接近於誠信；使自己說話的言辭和語氣謹慎小心，這樣就可以避免粗野和背理。」這三點其實正是對善的解釋。我們知道，「仁」這個價值源必然要推出「善」這個元價值。

by 路人甲

樓上說得沒錯。曾參在這種時候還要提出善，就因為儒家的善是貫徹始終的，哪怕將死。也只有這時候的善才是最真正的善：它完全與己無關了。不是為了利益，也不是為了名聲，而是一種發自本性或者說「仁」的善。

by 路人乙

聖人常常是沒有私心的，以百姓的心為自己的心。對於善良的人，我善待他；對於不善良的人，我也善待他，這樣就可以得到善良了，從而使人人向善。對於守信的人，我信任他；對不守信的人，我也信任他，這樣可以得到誠信了，從而使人人守信。有道的聖人在其位，收斂自己的欲意，使天下人的心思歸於淳樸。百姓們都專注於自己的耳目聰明，有道的人使他們都回到嬰孩般純樸的狀態。

（聖人常無心，以百姓之心為心。善者吾善之，不善者吾亦善之，德善。信者吾信之，不信者吾亦信之，德信。聖人在天下，歙歙為天下渾其心，百姓皆注其耳目，聖人皆孩之。）

by 李耳

發表你的留言

NAME：

E-mail：

內容：

戊子年三月　天氣 ☀　今日心情 ☺

天人合一而無絕人之路

子畏於匡，曰：「文王既沒，文不在茲乎？天之將喪斯文也，後死者不得與於斯文也；天之未喪斯文也，匡人其如予何？」

《論語·子罕篇》

　　人老了就會不斷陷入往事的迷宮中，今天憶起過去一件危險之事。前面提到過我在衛國陷於不利，於是離開前往陳國。路經宋國的匡地，也就是今天的河南省長垣縣西南時，遇到了匡人的圍困，共計五天。這些老百姓為何要與我過不去呢？原來匡人曾受到魯國強盜頭子陽虎的掠奪和殘殺，說來也巧，這個陽虎的長相居然與我很像，據說我與他簡直可以面對面站著梳頭洗臉，互相當鏡子。這倒是件有趣的事。

　　但如果巧合讓自己變成替罪羊，那就不是有趣而是要沒命了。

　　匡人把我與學生們圍困起來，馬上就要將我們通通除掉。上天居然讓我替江洋大盜去送死！或許在上天眼裡，我與陽虎沒區別吧，或者只是同一個人的兩種存在方式。我的老師李耳不也說過嘛：「天地不仁，以萬物為芻狗。」在老

天爺眼裡，我與陽虎都是芻狗？！

　　學生們很害怕，有人嚇得牙齒打顫說話都不流利了，事態很嚴重。我一看情況不對頭，再這樣發展下去我們的意志力就喪失了，於是我打算轉移大家的注意力。我說：「周文王死了以後，周代的禮樂文化不都體現在我們的身上嗎？上天如果真想要消滅這種文明財富，後來的人就不可能再掌握這種文化了；上天如果不打算讓它滅絕，那麼匡人又能把我怎麼樣呢？」這話似乎又涉及天命的話題了。但這樣一說，大家馬上鎮定了許多，像是飄忽的意志又穩住了陣腳。

　　其實我很少說起命，命是很微妙的東西，它是人生的本體論，第一推動力，在哲學上很難幾句話講清楚，所以在教育生涯中我很少去談及這個哲學命題。讓學生學以致用經世濟民就行了，陷入這些形而上的問題裡沒什麼好處。所以我很少以此為主題，不管是宇宙的第一推動力還是生命的第一推動力。

　　我主張天人合一，天與人是不可分割息息相關的一個整體。這和後世西方人提出的人與世界二元對立是完全相反的。正因為天人和諧，所以人知天命，適可而止，才能生生不息。天賦予我們每個人至高無上的道德仁義，這構成了我們與禽獸的區別——人性。天命存在於人性中，人性要順應天命，不能違抗天命。因為天命在上，我們在下。然而，我

們可以通過自我道德完善，完成內在超越，從而更為透徹地領悟天命，有效地達到目標。

　　再回到那天的事情上來，過程很驚險，最後還是轉危為安了。我急中生智的一番話使弟子們漸漸平靜下來，匡人也放鬆了警惕。也就在此時，我們終於商量出了一個可行的辦法，趁匡人不注意逃了出去。這件事使我對天命也有了新的認識，要認識天命、敬畏天命，才能持守天命。天不絕我，不正是我持守天命的印證嗎？

分類：不喪斯文 ｜ 人氣（64205） ｜ 留言（3）

留言

孔子口口聲聲不言利，這未必就是對的，想在春秋戰國時代，你殺我我殺你，哪有什麼仁義可言？要達到目的，言利絕對比言仁義更為有效。為達到同一個目的，言仁與言利這兩條路終是殊途同歸，所以言利也沒什麼不對的，就像言仁也沒什麼高尚的，只是方式與途徑不同罷了。

by 陶朱公[1]

我的佛家學說也不講命,更不講宇宙第一推動力。後面佛教中的鬼鬼神神,神通或法事,都是大乘與密乘弄出來的麻煩,背離了我原來的講義。孔老弟呀,在我們這個軸心時代,其實很少有人去談第一推動力與命之類虛的東西。我們這個轉型的時代其實是非常實際的,只解決現世的問題。

by 釋迦牟尼

天將降大任於斯人也,必先苦其心智,勞其筋骨,餓其體膚……夫子一生中顛沛流離,危險重重,就因為天降大任於其身上──開創儒家文化、開創教育事業。如果夫子是個花花公子,就不會有這種承擔文化重任的力量了。

by 孟軻

訪客小檔案

① **陶朱公**(前517─?),即范蠡,字少伯,春秋戰國末期楚國宛(今河南南陽)人,是歷史上著名的政治家、軍事家和經濟學家。

戊子年三月　天氣　今日心情

理想與感慨

> 譬如為山，未成一簣，止，吾止也。譬如平地，雖覆一
> 簣，進，吾往也。　　　　　　　　《論語・子罕篇》

如今的時代戰火紛飛，利益成了人們競相追逐的東西，太多人迷失本性，太多人失去了道德的底線，因此如何提高人們的德行、改變社會的風氣也就成了所有有德、有志之士最應該考慮和解決的問題。

前段時間，我和弟子們說，自己打算搬到九夷去住，有些弟子立刻反對，他們認為那地方野蠻至極，太落後，也沒有文化。對於孩子們的說法，我明白那是愛護我，怕我出現什麼意外。但假如他們能夠仔細想想的話，就應該明白我到底為什麼要這麼做。

的確，九夷地區落後至極，那裡的人們也不曉得如何修養自己的品德，對於很多人來講，去那裡無疑就是受罪。但是我們必須懂得，他們的現狀之所以如此糟糕，就是因為那裡的人對仁德禮義知之太少。作為一個品德高尚的人來說，改變九夷地區落後面貌其實就是一種自我的修養，我覺得自

己存在的意義就是把仁德的道理帶給每一個人，當然也包括九夷那裡的百姓。

也許我的努力不能立竿見影，也許那裡的人們需要漫長的時間才能體會到仁德的意義，但是這並不可怕。我明白自己不可能讓九夷的人們立刻擁有高尚的品質，但是我可以告訴他們——堅持最重要！如果一個人能一直堅持理想，不斷的參悟仁德的內涵，那麼他就一定能夠抵達彼岸。也許這個過程會很漫長，但是沒關係，即便是他早上剛剛明白仁德的道理，晚上就撒手人寰，這種堅持和追求也是有意義的，因為這個追尋的過程就值得我們所有人讚揚，因為堅持追求理想本身就是一種美德！

打個比方，我們堆土成山，只要再一筐土便成山了，如果懶得做下去，這便是我自己的停止，之前的一切努力都將失去意義。這些年來我一直致力於提高國民的素質，如果我因為九夷目前的狀況而裹足不前的話，就是自己停止了對仁德的追求，之前的努力也都將煙消雲散。

九夷的人們視野或許閉塞已久，但只要他們用心來體會仁德的含義，並且一直堅持下去，那麼就一定會有所收穫，這也好比在平地上堆土成山，縱是剛剛倒下一筐土，只要下定決心堅持下去，那麼成功也就是必然。在追求理想的路

上，時間的確是對手，但他一定會輸給堅持！

　　誠然，以年齡而論，我早已不是當初朝氣蓬勃的年輕人，能力也許有所衰減，但從心靈而言，我更願意為人世間做出自己的貢獻。如今生命正慢慢消耗，我必須抓緊有限的時間實現自己的理想。在我看來，時間就像奔流的河水一樣，不論白天黑夜都不停地流逝。去九夷，不光是給那裡的人們帶去先進的思想，同時也是實現我自己的追求，這種追求也是抵達仁德彼岸的一種必要修煉，更是對自我品德的一種完善！

　　　分類：逝者如斯　|　人氣（74638）　|　留言（8）

留　言

我是個文化多元論者，所以對孔先生關於九夷的說法有不同看法。你認為九夷落後沒有文化，其實「落後」來自於你以自己所處文明的眼光去看，而「沒文化」則是你的「文化中心論」的看法，這就患了「文化沙文主義」之病。其實九夷的文明是另一種文明，只是與你們的不同罷了，根本用不著你去教化。

by 以賽亞・伯林①

東方儒家文化有著強烈的「傳教士風格」，總想把天下都變成儒家的地盤，就像西方傳教士總想讓所有文明都變成基督教文明一樣——但這是不可能的。實際上，這也是一種文化殖民主義。

by 傳教士

求仁得仁又何怨，老死何妨死路旁。孔先生不愧是聖人哪，聖人！

by 梁啟超

我在小說《老人與海》中曾經寫過：「一個人並不是生來就給打敗的，你盡可以消滅他，可就是打不敗他。」我想我們說的其實是一個道理，那就是——堅持！

by 海明威

以真誠為準則是自我修養的關鍵，弄清楚哪些是好的言行舉動，又是堅持真誠的根本。

（思誠為修身之本，而明善又為思誠之本。）

by 朱熹

一日一錢，十日十錢。繩鋸木斷，水滴石穿。

by 班固

在科學上沒有平坦的大道，只有不畏艱險沿著陡峭山路攀登的人，才有希望達到光輝的頂點。

by 馬克思

我們應該不虛度一生，應該能夠說：「我已經做了我能做的事。」

by 居禮夫人

訪客小檔案

① **以賽亞・伯林**（1909—1997），是政治哲學家和觀念史學家，被認為是20世紀的頂尖自由主義思想家。伯林出生於拉脫維亞的里加（當時屬於沙皇俄國）的猶太人家庭，

後成為牛津大學社會和政治理論教授。

發表你的留言

NAME：

E-mail：

內容：

發表

戊子年四月　天氣 ☀　今日心情 ☺

說禮：禮是與人交往的準則

鄉人飲酒，杖者出，斯出矣。　　　　《論語・鄉黨篇》

居上不寬，為禮不敬，臨喪不哀，吾何以觀之哉。

《論語・八佾》

　　就像「仁」無所不在一樣，「禮」也無所不在。遇到家國大事時立刻就能顯露出「仁」的有無，而從與人交往、生活細節之中更能看出「禮」。生活細節就像一面鏡子，能映出一個人是否遵從了禮。可能有些人認為生活細節遵從禮未免太瑣碎，但我的想法是，一切從小處開始，能從細節處改變自己，慢慢地就會從大處改變自己，讓自己成為一個真正的君子。

　　在坐（古人的「坐」是跪坐在地面上）的要求上，我的態度是：席子放得不端正，不坐。正人君子應該坐在端端正正的席子上，反過來說，不端正的席子也容易影響坐者的心態，甚至使他在言行舉止上不端正，因為環境有時對人有著潛移默化的影響。

在行鄉飲的禮儀結束後，我不會慌慌張張地搶先出門，而是一定要等老年人先出去，然後才出去。一來可以在後面照看他們，以防他們摔跤，二來讓長者先行也是禮貌之舉。設身處地想一下，當你年老力衰的時候，被年輕人擠擠搡搡，說不一定還有可能被推倒，你心裡肯定不是滋味。

鄉里舉行迎神驅鬼的儀式時，我便穿著朝服站在東邊的台階上，以敬鄉黨百姓，以安先祖之神。

而托人向各國的友人問候並捎去禮物的時候，我必定向使者拜過兩次再送行，以示敬重。

以上都是我在生活中的具體做法，我也要求學生們這樣做。大家對我的要求都很尊重，包括權重一時的季康子。

有一天散朝回家，快到家的時候，我聽到有人大喊：「起火啦！快救火啊！」呼喊聲甚急。循著喊聲望去，只見火光沖天，夾雜著劈哩啪啦的聲音。回到家被告知是馬廄起火了，我急忙問：「傷著人了嗎？」這很讓大家感動。先問人而不是問馬的情況，是因為人比馬重要。馬只是財產，而人才是根本，沒有人哪來的財產？我說的看起來是漂亮的大話，實際上是真心話。

這段時間一直生病，下午季康子派人來看望我，贈給我一些藥品。我拜謝並接受了，然後說：「我還不瞭解這藥

的藥性，暫時不敢吃。」通常受賜食物，都會當面嘗一嘗，以示謝意。此時我沒有嘗，而是說了實話，雖然有些叫人難堪，但我認為這比假意接受更為真誠。暫時給別人保全面子，實際上委曲實情，最終還是會暴露的。這就不是禮了。

我生病了，子路派人來假裝成我的家臣，負責料理後事。後來病好了點兒，我便責備他：「仲由，你做這種弄虛作假的事情很久了。我明明沒有家臣卻偏偏要裝作有，我騙誰呢？我騙上天嗎？與其在『家臣』的侍候下死去，我寧可在你們這些學生的侍候下死去，這樣不是更好嗎？就算埋我時不用擺大夫那樣的闊氣，難道就會丟到路邊沒人理嗎？豈有此理！」

總之，應該以禮對待別人。地位高的人要有胸懷度量，抓大放小，以大局為重，這樣才能服眾；禮是規則和制度，因此要言行一致，按禮的要求辦事不能弄虛作假、裝模作樣，否則就是對禮的大不敬、對民族傳統的踐踏。如同去弔唁喪事卻若無其事、麻木不仁，同樣的作風和心態在社會中一旦傳染、不加遏制就很可怕，到讓人痛心的地步。

分類：食不言，寢不語　│　人氣（45439）　│　留言（4）

留 言

有人說儒家學說是「人學」，這一條可以作為佐證。孔老師只問人不問馬，表明他重人不重財。事實上，這應該就是自古以來人道主義思想的發端。

by 閒雜人等

哈哈，樓上的，後代有人還從我的《道德經》中找到「女權主義」思想的發端呢，你信不信？就有些人喜歡亂認祖宗。

by 李耳

當年我在招收弟子開創叢林制度的時候，與孔老師很相似，也創立一種合適大家的、有示範性的生活方式，學說也是無神論的（後來佛教發展成有神論，那是大乘興起後造成的，與我無關）。但是我發展了一種宗教，而孔先生卻沒有發展出一種宗教，也算是件奇怪之事。

by 釋迦牟尼

正因為儒家與佛教在起源時很相似，所以佛教傳入儒家文化背景的中國時未受到抵制。到了唐朝以後，佛教吸收儒家的大量元素，就有了禪宗。禪宗實際上是儒家化的佛教——這也算是孔先生與佛祖的合作吧——如果我們相信輪回。

by 慧能[1]

訪客小檔案

[1] 慧能（638—713），俗姓盧，先世河北范陽（今涿縣）人，是中土禪宗的第六祖。他是歷史上有重大影響的思想家之一。

發表你的留言

NAME：

E-mail：

內容：

發表

戊子年五月　天氣 ☀　今日心情 😐

說禮：禮無處不在

先進於禮樂，野人也；後進於禮樂，君子也。如用之，則吾從先進。
《論語‧先進篇》

　　禮樂這東西是從哪裡來的？是從天上掉下來的嗎？當然不是。是我們造出來的嗎？當然也不是。它是古代的人們根據自己的人生觀念、世界看法、生活經驗、處世原則等慢慢地發展變化而來的。先學習禮樂而後做官的人是在野之人，先做官而後學習禮樂的人，被稱為「君子」。看起來似乎是這些君子更有學問和修養，但是如果要用到實際工作與生活中來，我還是更傾向選用學習禮樂在先的人。

　　禮真是無所不在啊！哪怕乘車也有要注意的：上車時一定先直立端正地站好，然後拉著扶手上的繩子上車。在車上，不回頭，不高聲說話，不用手指指點點。這樣可以避免影響車上的乘客，也不會因此帶來身體受傷害的危險，還能避免嘩眾取寵的嫌疑。

　　此外還有一些細節也要注意到，看見穿喪服的人時，即使關係很親密我也會變得嚴肅起來，不在他面前嬉笑。看見

即使經常在一起的官員和盲人，我也會有禮貌地對待他們。而在乘車時遇見穿喪服的人，我會匍匐在車前橫木上以示同情。遇見背負國家圖籍的人，我也會這樣做以示敬意。做客時如果主人準備了豐盛的筵席，在飯前我會恭敬而鄭重地站起來致謝，感謝他們的熱情款待。

如果遇見迅雷和大風，應該怎麼做呢？我是一定要用莊嚴的神色表達對上天的敬畏。

人不可能在所有方面都做到十全十美，懂學問的不一定會做事，做事者未必道德合宜，道德合宜者未必有才華。拿我的學生來說，德行好的有顏淵、閔子騫、冉伯牛、仲弓，善於辭令的有宰我、子貢，擅長政事的有冉有、季路，通曉文獻知識和文學的有子游、子夏。這些學生的才華難以統一，但加起來就符合我以前所提的「志於道，據於德，依於仁，游於藝」了。只可惜，以前與我一道在陳蔡之間蒙難的學生，都已經不在我身邊了，人生愈發覺得寂寞。然而禮和仁是我送給他們的兩件法寶，他們如果都能把這兩樣傳承下去，也非常令人欣慰。

我們的社會非常令人不安的一個問題是想用刑罰法治手段解決一切問題，發揮震懾作用，殺一儆百。但人們犯法受罰甚至送命並不知悔改，其他人效仿依然。如果我們發揮禮治的巨大作用，施行仁政，用禮的精神滲透進社會生活的

各個角落，以廉恥、榮辱觀的教育讓人們做好事而避免做壞事，這不正起到了治本的作用嗎？

分類：吾從先進 ｜ 人氣（86100） ｜ 留言（4）

留言

我更看中「野人」而不是「君子」。「君子」是背離人之本性，「野人」才是合於人之本性。你們儒家總喜歡把自然的東西人為化，再沒有比禮樂更壞的東西了。老子都說過，有了禮樂才有偽君子和壞人之分嘛！

by **莊周**

社會已經是這樣子了，有了禮樂，並且有禮樂敗壞的現象，所以我們不是要廢除掉禮樂或返回遠古野人時代，而是要努力修補與改良啊。要正視現實，我們儒家就正視現實，而你們道家卻逃避現實。

by **孔丘**

我的故事詳情是這樣的：小時候後母待我很不好，冬天縫製

棉衣時，給親生兒子用棉花做襯，對我卻用便宜而不能禦寒的蘆花。但我還是很孝順她，後來終於把她感動了。因此我入選了「二十四孝」排行榜。

by 閔子騫[1]

小人為財而死，君子為名獻身。然而他們變換真情、更改本性的原因，卻沒有不同；捨棄該做的事，而不惜生命地追逐不該尋求的東西，二者在這方面也是一樣的。所以説，不要去做小人，反過來去追尋你自己的天性；不要去做君子，而順從自然的規律。

（小人殉財，君子殉名。其所以變其情、易其性，則異矣；乃至於棄其所為而殉其所不為，則一也。故曰，無為小人，反殉而天；無為君子，從天之理。）

by 滿苟得

訪客小檔案

① **閔子騫**，名損，字子騫。春秋時期魯國人，孔子的學生。

戊子年五月　天氣 ☁　今日心情 ☹

悲哉！顏回！

> 子畏於匡，顏淵後。子曰：「吾以女為死矣。」曰：
> 「子在，回何敢死？」　　　　　　《論語·先進篇》

　　在學生中我很器重顏回，不過他給我的主要不是學問探究上的幫助。因為他對我的話從來就不曾反對，而是句句聽從，全盤接受而深信不疑。如果要講學問，兩個意見完全相同的人在一起不會增加什麼作為，因為缺乏碰撞與中和。但要承認，顏回是我在學問上的最好繼承人。

　　記得有一年，我與顏回等人一起去魯國的東門遊玩，站在城上看泰山腳下的景色。遠方似乎有個白色的東西在動，我問大家那是什麼東西。有人說：「看見了，好像有一條白練，動得很快。」顏回則說：「是一個穿了白衣的人，騎了一匹白馬，因為馬跑得很快，所以看起來像條白練。」顏回的眼力真是太好了。不過可惜的是，雖然顏回讀書很用功，眼力也很好，但是卻經常餓肚子以至於營養不良，三十二歲便英年早逝。

　　顏回是個讀書的好材料，用功且有悟性。季康子曾問我

哪個學生最好學，我不假思索地告訴他：顏回。只可惜短命死了，現在再也沒有像他那樣尊崇我的學生啦。

今年顏回故亡。他父親顏路經濟狀況不好，請求我賣掉車子，換點錢給徒弟顏回買個外槨，套在棺材外面，更體面些。我回答他：「雖然顏淵和我兒子孔鯉，一個有才一個無才，但到底都是至親的孩子。孔鯉死的時候，也是有棺無槨，我也沒有賣掉車去給他買槨。因為我還需要跟隨在大夫之後，乘車隨行，是不可以步行的。」對我們這種身份的人來說，車太重要了，因為這是禮上的規定，不能因為窮而失禮。所以就算是自己的兒子與心愛的弟子死了，沒錢買槨，我也決不會把它賣了換錢。

顏回的去世確實令人痛心。聽到他去世的消息時，我連說兩遍：老天爺這是要我的命呀！有人不理解我為什麼這樣傷心，其實他們不明白，我的學問的最好繼承人就是顏回，顏回一死，豈不是「斷了後」？

學生們在旁邊覺得我哭得太傷心了，兒子死都沒這樣哭過。我說：「我哭得太過分了嗎？顏回死了我當然傷心，如果不為他傷心還能為誰傷心？誰能像他這樣讓我傷心？⋯⋯」

正在我悲傷的時候，學生們合計著打算給顏回舉行隆

重的葬禮。但我認為大可不必。顏回在世是比較節儉的,他若地下有知,肯定也不贊同大操大辦。再說厚葬對死者沒什麼實質性的幫助,只會為操辦者贏得好名聲罷了。顏回在世的時候,窮得吃不飽穿不暖,也沒見誰資助他一些,如果他的師兄弟們肯把厚葬的錢在生前就捐給他,他也不至於這麼早就死了。可是儘管我不贊同,他們最後還是厚葬了顏回。之後告訴我時,我只有歎氣:「顏回一向把我當父親一樣看待,而我,是不能把他當親生兒子一樣看待的。喪葬這件事辦成這個結果,倒顯得我待顏回涼薄,這不是我的過錯,都是這幫小子讓我難堪!」

記得當年我們在匡地受當地人圍困時,顏回最後才逃出來。我一見他還活著,冒失地說:「我還以為你已經不幸死了。」顏回恭敬地回答:「老師您還活著,我怎麼敢死呢?」這讓我不知說什麼好。他機智又幽默,甚至超過宰我了。你說這樣的學生死了,我怎能不傷心呢?

分類:未敢先死 | 人氣(56325) | 留言(4)

留 言

這個顏回在儒家歷史上也是個異數,他沒出師就死掉了,就

像後世的研究生們，尚未畢業找到工作就死了。在儒家歷史上，顏回又是不世出的人才，品學兼優，可是卻沒有任何實際工作的成績。怎麼評價這個人呢？他可以說是一個學習的榜樣，也就是儒生未畢業時都應該看齊的對象。

by 伯樂

顏回的確是孔夫子的弟子中最優秀的，無論是學業還是人品，所以孔先生喜歡他，當做兒子一樣看。他一早夭，孔子感覺無人可以傳承自己的衣缽，所以傷心不已。所幸後來出了個孟軻，儒家才得以中興。而孟軻的人品與學問，似乎就是顏回的翻版。

by 章太炎

中路因循我所長，古來才命兩相妨。勸君莫強安蛇足，一盞芳醪不得嘗。

by 杜牧[1]

你們儒家不是反對薄葬嗎？你孔丘自己就帶頭薄葬，並且反對對自己最愛的學生進行厚葬。看來你們儒家的話聽不得，

因為你們說一套做一套。事實上，後世的偽君子大多是儒生，與你開頭的言行不一有關係。

by 墨子

訪客小檔案

① **杜牧**（803—約852），字牧之，京兆萬年（今陝西省西安市屬縣）人。晚唐詩人。入仕後累官至遷膳部員外郎。

發表你的留言

NAME：

E-mail：

內容：

發表

戊子年六月　天氣 ☀　今日心情 😐

我重此生，所求大異

未能事人，焉能事鬼？
未知生，焉知死？ 　　　　　　《論語·先進篇》

今天季路問我怎樣祭祀鬼神，我回答他：「活人都沒伺候好，怎能談得上伺候鬼神呢？」子路又問：「請問死亡是怎麼回事？」也許有人會笑，這樣的問題還用得著問嗎？我說：「還沒弄懂活的道理，怎麼能夠懂得死後如何呢？」

在我看來，子路提的這個問題是一個很難的問題，並不是每個人都能去思考的。人生的問題還有許多沒解決，去關心天道的事做什麼？關心鬼神做什麼？連你是怎麼來的你都不知道，連生活都沒弄清楚，關心死做什麼？給我好好去過日子，把身體養得壯壯的，書讀得多多的，道德修養得好好的，問題解決得明明白白的，不比什麼都強？可是問題就在於人們更喜好空想，而不是面對現實。

這年頭……算了，不說子路說別的學生吧，比如我很欣賞的閔子騫。魯國主管財政與經濟、稅務、審計的部門「長

府」換了個上司，此新官上任就想拿制度開刀，將舊制度去掉換上新訂的制度，以示其有能力有魄力。但閔子騫卻不以為然，他認為制度不能輕易變動，若朝秦暮楚，將讓人無所適從。最好還是沿用現有制度，稍加改良就好。變更制度影響比較大，社會並不是一個人隨時好改變的，讓它去適應新制度這雙鞋子，談何容易！我一聽很高興，認為他說得大大有理，於是表揚他：「這個人輕易不說話，一旦開口就抓住了重點。」

子路走了之後，子貢又來問我：「子張和子夏二人誰更好一些呢？」

「子張做事常常過頭，子夏則是做得不夠。」

「那麼是子張好些了？」

「錯！」我說，「過猶不及。」

過頭也不行，不到位也不行，就像餓讓人難受，吃得太撐也讓人難受，凡事講究「度」，做到恰到好處，這就是中庸之道。

再說冉求，這個傢伙讓我很難過，到現在還在幫季氏的忙。周公是魯國的國君初祖，現在的季氏居然比周公還富有。這已經很過分很不要臉了，但還有更不要臉的事：明明知道主人有問題，但冉求卻還在想方設法幫季氏搜刮財富。

125 ▶

這不是助紂為虐嗎！難怪社會的貧富分化越來越嚴重，其實就是因為有許多像冉求這樣的知識精英階層作幫兇。這可不像我的學生做的事，我的學生沒有這樣無恥的。今天聽說此事之後我很憤怒，決定把他開除，便對學生們說：「冉求以後不再是我的學生了，你們可以去向他發難！」

唉，世道人心壞了，都往錢眼兒裡鑽。只有顏回在道德與學問上比較完善，近乎聖人，可憐他窮得沒有過上一天好日子。而子貢呢，我希望他繼承我的衣缽做學問，誰知他卻去做生意，倒是發了大財。真是令人嘆惜啊！

分類：未知生，焉知死 ┃ 人氣（86534） ┃ 留言（4）

留 言

未能事人，焉能事鬼——從這裡可以看出儒家講究的是此世，是人，而不是宗教性的彼岸與神。這也讓儒家後來一直與政治密不可分，儒家文化甚至成為政治的指導思想。政治就是「事人」的，只有宗教才「事鬼」。「事人」與「事鬼」便是政治與宗教的分野之處。

by 章太炎

「未知生，焉知死」與「未能事人，焉能事鬼」是同一問題
的不同表述。重生輕死是儒家的特點。但事實上，如果不知
「死」也就不可能很好很透徹地「生」。孔子說的「未知
生，焉知死」，並不是說不去思考「死」而糊塗地「生」，
而是參透了「死生」，所以才把言說的重點放在「生」上。
這個「生」的前提就是「死」的透徹。

by 馮友蘭

宣室求賢訪逐臣，賈生才調更無倫。可憐夜半虛前席，不問
蒼生問鬼神。

by 李商隱①

老師希望我專心致力於學問道德，但我的個性與眾不同，老
師這一套道德學問我雖然接受，但不是我想要的生活，所以
去做生意了。我做生意很在行，判斷決策從不失手。而我的
才幹還不止於此，孔老師後半生的生活，多半都是由我來照
顧的。

by 子貢

訪客小檔案

① **李商隱**（812或813—858），字義山，號玉溪生、樊南生。晚唐詩人。原籍懷州河內（今河南沁陽），祖輩遷滎陽（今屬河南）。詩作文學價值很高，他和杜牧合稱「小李杜」，與溫庭筠合稱為「溫李」。

發表你的留言

NAME：

E-mail：

內容：

戊子年六月　天氣 ☀　今日心情 ☺

兼談表裡如一與最高理想

莫春者，春服既成，冠者五六人，童子六七人，浴乎
沂，風乎舞雩，詠而歸。　　　　《論語‧先進篇》

　　上午子張來問如何做一個善人。現在的學生真會折磨老
師啊，我既要告訴他什麼是善，又要告訴他如何到達這種境
界的方法，這個問題足以讓我寫一本書或講上一年的課。但
我總不能不回答，於是只好說：「不踐跡，亦不入於室。」
意思是不要被善的觀念給束縛住了，更不要做了善事之後去
刻意表現，積德就行了，不要張揚，別為做善事而做善事。

　　也許大家會認為我的回答是文不對題，以虛應實。其實
不然，有許多東西都分為內涵與表象兩層。我對子張的提問
看似沒有正面回答，但實際上卻把他引向了一個正確而開闊
的空間。

　　事實上，這種內涵與表象的不統一，在我們的生活中是
廣泛存在的，有好也有壞。想想那些言談上很精彩很有見地
很引人入勝的人，如果你聽了他的話就認為他了不起，是君
子，那就錯了。就像那些態度很好、和顏悅色的人，也不一

定就是君子。比如他一見面就說「久聞大名」，那一般是客套話，此人實際上壓根沒聽說過你。所以言談與表象並不代表著實質。

在言行一致上，曾有過這樣一件事：子路曾經問我，聽懂了一個道理之後馬上去做就是言行一致嗎？我告訴子路，你還有父母兄長在，怎麼可以聽了就去做呢？言下之意是他還有贍養的責任，所以凡事需謹慎小心。接著冉有也來問同樣的問題，聽了您講的這些道理我要立刻去做嗎？我說當然！你既然聽了就要去做、去實踐。公西華聽到以後非常驚訝地跑來問我：「同樣的問題您卻給出不同的答案，我都糊塗了！所以鼓起勇氣來問，想知道同一個問題為什麼作兩種答覆？」我答道，冉有的個性，什麼事都會退縮，不敢急進，所以讓他身體力行。子路則不同，他勇敢、很有生命力，精力和氣魄超過了一般人。但太勇猛、太急進有時也不見得是好事，所以需要約束他一點兒。你可以說我提倡中庸，也可以說我因材施教。

下午散步時碰到季子然，他問我：「仲由和冉求可以算是大臣嗎？」我說：「我以為你是問別人，原來是問他倆呀！所謂大臣是能夠用周公之道來輔佐君主，如果無法實行，他寧肯辭職。現在由和求這兩個人，只能算是普通臣子罷了。」季子然緊張地說：「那他們跟著季氏會什麼事兒都

做嗎？」我撇撇嘴：「殺父弒君的事，他們是不會跟著做的。」他們還不至於糊塗到這種地步吧，不過天下人對季氏的不滿可見一斑啊。

回到家，見子路過來了，正坐在客廳裡。他一見面就告訴我，他讓師弟子羔去做費地的長官了。算起來他也是在幫助同學，我卻不這樣想。一聽我就急了，狠狠地罵：「這簡直是誤人子弟！」子路不服氣，與我頂嘴：「那裡有百姓、有社稷，治理百姓和祭祀神靈都是學習，難道一定要讀書才算學習嗎？」我一聽火更大了，大聲罵道：「我最討厭那種花言巧語狡辯的人。」子路看我真的生氣了，不再做聲了。

說實話，現在不順心的事越來越多，弟子們總讓人操心。想起以前的師生交流，有趣而開心。記得有一次我坐著，子路、曾點、冉有、公西赤四個人在旁。我問他們說：「你們平時不是總說：『沒有人瞭解我呀！』假如有人瞭解、欣賞你們，那你們要怎樣做呢？」

子路一聽，迫不及待地回答：「一個擁有一千輛兵車的國家，夾在大國中間，常常受到別國的侵犯，國內又鬧饑荒。若讓我去治理，只要三年，就可以使人們勇敢善戰，每個人都能夠自立自強。百姓都知道如何走自己該走的路，做自己該做的事。」

我微微一笑，沒說話。雖然子路這話聽起來很有大政治家大英雄的氣概。

「冉求，你怎麼想呢？」我接著問。

冉求比較謙虛，他說：「方圓六七十里的一個小國家，或者更小一點的國家讓我來治理，花上三年的時間，我可以使這個國家社會繁榮、經濟發達，至少可以解決溫飽問題，這是我可以做得到的。但是經濟富裕了，還不一定能建立起良好的文化來，而對於禮樂教化這些基礎的建設，是重大艱巨的事情，就只好等賢德高明的人再來著手了。」這是冉求的謙虛詞，也是他的老實話。

我又問：「公西赤，你怎麼樣？」

公西赤答道：「我不敢說能做到，只是願意學習。在宗廟祭祀的活動中，或者在同別國的盟會中，我願意穿著禮服，戴著禮帽，做一個小小的司儀員。」

「曾點，你怎麼樣呢？」我問。

只聽此時曾點彈瑟的聲音漸緩，接著，彈瑟的手指在弦上一攏，瑟弦發出鏗然的一響。他離開瑟，站起來對我說：「我和他們三人剛才所講的不同，我想的和他們是兩樣的。」

我說：「那也很好啊！各人講自己的志向嘛。」

「莫春者，春服既成，冠者五六人，童子六七人，浴乎沂，風乎舞雩，詠而歸。」曾點描繪了這樣一幅圖畫：暮春三月，人們已經穿上了春天的衣服，老師和五六位成年人、六七個少年，去沂河裡洗洗澡，在舞雩台上吹吹風，一路唱著歌走回來。

聽了曾點的話，我心裡實在舒坦啊，立刻對他表示了嘉許！要知道，這種理想雖然聽起來很平凡，但卻最不容易做到。因為要國泰民安，人們才有條件出去安心遊玩。而就算在太平盛世，人們若全心追名逐利，滿足物質欲望，是不會有這樣安逸平靜的心態的。即使人有這種平和快樂的心情和閒暇時光，這種美事也不是在人生的各個階段都能常見。煩惱的事多了，看似簡單的享受實際上不是那麼容易獲得的。所以這個理想其實是最高的理想，也是最快樂的理想。

分類：沂雩之志 ｜ 人氣（76767） ｜ 留言（11）

留言

「莫春者，春服既成，冠者五六人，童子六七人，浴乎沂，風乎舞雩，詠而歸。」好呀，好極了，沒想到儒家也有這種

瀟灑的風度，也有如此放達的人生，也有如此美妙的文字，
真可以浮一大白！

by 李白[①]

「莫春者，春服既成，冠者五六人，童子六七人，浴乎沂，
風乎舞雩，詠而歸。」這段真是深得吾心啊，所以我才有
「花枝春滿，天心月圓」之句。兩種境界都是一樣的，都是
學問與修道達到了極處又返回樸實生活的「詩意生活」。在
澄明之境中，這個曾點也是悟道了的人，當然，孔子也是悟
道者，所以才贊同曾點。

by 弘一法師

「莫春者，春服既成，冠者五六人，童子六七人，浴乎沂，
風乎舞雩，詠而歸。」什麼是禪境？這就是禪境。什麼是箴
言？這就是箴言。悟性、美妙、生活、自然、人倫都在這幾
句話中了，中國的儒家中原來也有很濃的佛性啊！可惜曾點
生錯了時代，要不然也是佛門中的一大高僧。

by 奧修[②]

老師覺得子路、冉求、公西赤三人的話怎麼樣？

by 曾點

也就是各自談談自己的志向罷了。

by 孔丘

先生，您為什麼要笑仲由呢？

by 曾點

治理國家要講禮讓，可是他說話一點也不謙讓，所以我笑他。

by 孔丘

那麼是不是冉求講的不是治理國家呢？

by 曾點

難道六七十里或五六十里見方的國家就不是國家嗎？

135

by **孔丘**

公西赤講的不是治理國家嗎？

by **曾點**

宗廟祭祀和諸侯會盟，這不是諸侯的事又是什麼？像赤這樣的人如果只能做一個小相，那誰又能做大相呢？

by **孔丘**

訪客小檔案

① **李白**（701—762），字太白，號青蓮居士。祖籍隴西成紀（今甘肅天水附近），先世於隋末流徙西域。

② **奧修**（1931—1990），印度思想家、哲學家。

戊子年七月　天氣 ☁️ 今日心情 😊

到底什麼是仁？

顏淵問仁。子曰：「克己復禮為仁。一日克己復禮，天下歸仁焉。為仁由己，而由人乎哉？」顏淵曰：「請問其目。」子曰：「非禮勿視，非禮勿聽，非禮勿言，非禮勿動。」顏淵曰：「回雖不敏，請事斯語矣。」

《論語・顏淵篇》

　　記得顏回還活著的時候，有一次跑來問我：「老師呀，仁的定義是什麼？」

　　我回答說：「『克己復禮，仁也』這是一句古話。意思是，克服住、壓下去、終止掉自己的妄念、情欲、邪惡的思想和偏狹的觀念，讓自己純潔如水晶，使自己做的每一件事都符合禮的要求，這個境界就是仁了。達到仁完全是靠自身的努力，而不是取決於外在條件。只要一日能克己復禮，就可以歸到天人合一物我同體的仁境啦。」

　　顏回似懂非懂，又問：「進入仁境的途徑是什麼呢？」

　　我回答他：「不合乎禮的東西不看，不合乎禮的言論不聽，不合乎禮的話不說，不合乎禮的事不做。」

如今顏回已經遠離人世，「仁」這個問題已經很久沒人提問了。直到今天上午，我在家休息，冉雍跑來問我：「老師啊，什麼是仁？」

和顏回不同，冉雍在我看來是可以成為帝王左右手的人，因此我給他的答案也與給顏回的有所不同。當然，這所謂不同只是表述方式上的。

我告訴他：「出門辦事如同去接待貴賓一樣謹慎，管理百姓如同去進行重大的祭祀一樣恭敬，己所不欲，勿施於人。要做到在諸侯的朝廷上沒人怨恨自己，在卿大夫的封地裡也沒人怨恨自己就好了。」

冉雍聽完之後說：「我雖然笨，也會努力照您的話去做。」

送走冉雍沒多會兒，司馬牛又跑來問我：「老師，仁到底是個啥東西嘛！」

司馬牛是一個冒失鬼，說話經常沒有分寸，因此我便對他說：「有仁道的人，在講話的時候，不隨便出口。」

他又問：「講話慢一些而不隨便說大話吹牛皮，這樣就是仁了嗎？挺容易的嘛！」

我反問他：「做起來那麼難，說話時還能不謹慎些

嗎？」

　　司馬牛聽完我的話，知道我意在提醒他言語沒有分寸，立刻變得有些不好意思起來。

分類：克己復禮 ｜ 人氣（76982） ｜ 留言（7）

留言

關於四個「非禮」的問題，我認為這種提法非常不好。首先這個「禮」是什麼禮？是哪個朝代的禮？其次，在人為的「禮」面前把感官都封閉起來，如何能感覺世界呢？後代的儒生們都成為呆頭鵝，就與這四個「非禮」有莫大的關係。

by 懷疑論者

沒錯，在一個時代「遵禮」的行為到了下一個時代就成了「非禮」，四個非禮說明儒家總是喜歡定出規矩，強迫人去遵守。倒不如打破這些非禮，率性而為。

by 莊周

這種二元對立的「禮」害人不淺。因為禮的二元對立，讓儒

生們在思維深處意識深處也會產生二元對立。許多事並不是「禮」或「非禮」所能衡量的。這種提法讓讀書人把禮作為生活的第一標準與意義，無益於創造。

by 以賽亞・伯林

樓上說的沒錯，四個「非禮」扼制了儒家的創造性。在數千年的儒學歷史上，極少有人提出創造，相反，要不斷地返回以前去，就因為那些該死的禮在那裡，所以人人都要「克己復禮」。結果呢？結果成了「醬缸文代」，哪有創造力可言！

by 章太炎

老師，我想知道對於我來說，什麼是仁？

by 樊遲[1]

愛人。

by 孔丘

愛人是仁的精神，是修己之學的根本。這裡的「人」是一種
泛稱，是一個類概念，超越了階級、種族的局限。

by 儒家後學

訪客小檔案

① **樊遲**，姓樊，名須，字子遲。春秋齊國人，一說魯國人。
孔子的弟子之一。

發表你的留言

NAME：

E-mail：

內容：

發　表

141

戊子年十二月　天氣 ☀　今日心情 😊

為政和為人道理相通

> 樊遲從游於舞雩之下，曰：「敢問崇德、修慝、辨惑。」子曰：「善哉問！先事後得，非崇德與？攻其惡，無攻人之惡，非修慝與？一朝之忿，忘其身，以及其親，非惑與？」
> 　　　　　　　　　　　　　　　《論語·顏淵篇》

　　今天雪停了，季康子來訪問我。於是我帶了樊遲等幾個學生，和季康子坐了馬車到舞雩台散步。白茫茫的大地上一片銀妝素裹，風止息了，太陽也出來了，真讓人心曠神怡。

　　季氏很誠懇地問我如何治理國家。我說：「政就是正的意思。你是領導，如果你本人帶頭走正路，不走歪門邪道，那還有誰敢不走正道呢？」就這麼簡單！

　　季氏又說他的治下土匪很多，怎麼辦？土匪可不好辦，不是抓一個關一個殺一個的問題。這是政治沒做好，所以有持不同政見者；經濟沒做好，所以有持不同發財之見者。這兩種人集合起來，就成土匪了。要不是沒政治地位沒飯吃，誰肯去當土匪啊。由此說來，季康子的問題其實是一個很嚴重的社會問題。對於這類問題，不光我想過，先人也曾有過

思考。

　　我對季康子說：「你不要的東西就算扔在大路上別人也不會去撿，你不要的東西就算懸賞也不會有人去偷。」老子說，「不貴難得之貨，使民不為盜」。這是另一方面需要調查研究的問題。《易》中說，「謾藏誨盜，冶容誨淫」。收藏財寶不嚴密，不就是叫人去偷嗎？打扮得過於嫵媚妖冶，不正是誘人去非禮嗎？這話雖偏激，可也不是一點兒道理都沒有。

　　季氏抓了一把雪在手裡，搏成一個雪球，然後狠狠地擲出去砸在一株柏樹上，雪球頓時散成粉末。「以殺止殺，把壞人都殺掉，以便回到正道那裡去，如何？」他惡狠狠地說，「用不著如此大費周章！」我說，「你用善心來做事，民眾自然也就向善了。領導者的品德就像風，民眾的品德就像草，風吹過處，草叢就齊刷刷地倒向風的方向。」

　　季氏問完，與我的弟子們一同賞雪。樊遲走過來問我什麼是「仁」，我說「愛人」。他又問什麼是「智」，我說識人就是「智」。這個答案是針對樊遲而給的，他卻不太明白，於是我進一步強調：「選拔正直的人，賦予其遠高過邪惡的人的地位，這樣就能使邪者歸正。」看來樊遲還是不太明白，又跑過去與子貢嘀嘀咕咕。後來子貢告訴我，樊遲過去對他說：「我剛才問老師什麼是智，老師說選拔正直的人

什麼什麼的，你聽到了吧，是什麼意思？」子貢一聽就笑起來，回答他：「這話說得多深刻呀！舜得了天下，在眾人中挑選人才，把皋陶選拔出來，管理行政、司法，不仁的人就遠去了。湯得了天下，在眾人中挑選人才，把正在當廚師的伊尹選拔出來，不仁的人就遠去了。」

樊遲在那邊思索了半天，又磨磨蹭蹭地過來說：「老師，斗膽再問三個問題，怎樣提高品德修養？怎樣改正邪念？怎樣辨別是非？」

我看樊遲的表情，心裡想要告訴他一個循序漸進、力所能及的辦法，於是便說：「問得好！先努力做事，然後有所收穫，不就是提高品德了嗎？批評自己的過失而又不指責別人的缺點不就是改正自己的邪念了嗎？由於一時氣憤，不顧自身安全而冒著健康、聲譽、法律等風險，以至於影響、牽連自己的親人，這不就是糊塗嗎？」

分類：政即是正 ｜ 人氣（67681） ｜ 留言（2）

留 言

有一回魯哀公問：「遭了饑荒，國家開支困難，怎麼辦？」他以為我是經濟學方面的專家呢！我反問他：「為什麼不實

行徹法，只抽十分之一的田稅呢？」哀公一聽就急了，嚷起來：「現在抽十分之二我還不夠，怎麼能實行徹法呢？」我一聽，冷笑道：「如果百姓的用度夠，您怎麼會不夠呢？如果百姓的用度不夠，您怎麼又會夠呢？」哀公的愚蠢就在於，他不知道要解決一個國家的經濟，僅僅在經濟上做文章是不夠的。政治是經濟的集中表現，經濟是政治的下層基礎，所以解決經濟問題一定得從政治角度來著眼。國家治理好了，也就不會有匪患了。

by 有若

四匹馬拉的車子，甚至速度最快的車子，也趕不上舌頭傳播的速度。當然，文化、思想觀念和言論傳播的速度，是有形的車馬所無法追上的。而本質和文采，同樣的重要。豹皮和犬羊的皮在本質上都是獸皮，但表面上的花紋卻有漂亮與否之分。質是體，文是用，體用合一才能走得更遠。在我看來，要提高自己的修養，在國家的言論上也要多加注意，人民為匪很多時候都是語言和政策造成的。

by 子貢

己丑年五月　天氣 ☀　今日心情 😐

什麼是真正的繁榮

名不正，則言不順；言不順，則事不成；事不成，則禮樂不興；禮樂不興，則刑罰不中；刑罰不中，則民無所措手足。故君子名之必可言也，言之必可行也。君子於其言，無所苟而已矣。　　《論語·子路篇》

周遊列國那些年，其實我並不得意。過得比較好的是在衛國那段時間，衛靈公對我很重視，以至於當時有一小撮人懷疑我可能要在衛國當宰相。而有的人更荒唐，甚至懷疑我想篡奪衛國的政權。

有一天，子路問我：「老師，看來衛靈公比較中意您啊！如果有一天他請您去治理國家，您打算先做哪件事？」

「先糾正名分上的用詞不當。」我說。子路很懷疑地說：「老師您真是迂夫子，那名正不正有什麼重要的？」子路是個講求實際的人，所以對形式上的東西很不以為然。

我不由感歎：「由啊，你真是個粗野庸俗的傢伙，君子對他所不瞭解的事，寧可存疑也不要下斷語。」誰像他這樣冒冒失失的。我進一步解釋：「名分不正，說話就不順理成

章；說話不順，工作就做不好；一般的事都辦不好，國家的禮樂制度更興盛不起來了；禮樂制度無法興盛，刑罰就會執行不當；刑罰執行不得當，老百姓就會手足無措，不知如何是好，那就天下大亂了。所以，君子一定要定下一個恰當的名分，說出話來才讓人感到明白、在理，這樣提出的意見付諸行動時就一定行得通。君子對於自己說過的話，沒有一點點馬虎對待的地方才算罷了。」

子路討了個沒趣，出門走了。

我對衛國也有感情，以至於我經常覺得魯衛兩國的政事，就像兄弟間的政事一樣。衛國的文化、政治還是很不錯的，還能始終保存著周代當初的「兄弟之邦」的精神。因為魯國是周公旦的封地，而衛國是康叔的封地，周公旦和康叔是兄弟，當然兩國的政治情況也有些相似。

在衛國，我曾看到一個世家公子名叫荊，很會勤儉持家。剛開始有點財產時，他便說：「差不多就行了。」積蓄又增加了些，便說道：「已經夠用了。」等到富足的時候，他簡直高興到跳起來：「現在非常完美非常舒服，想也想不出還要再添什麼啦。」這個人真是了不起，你們想想，這種貴族一向養尊處優，卻有令人尊敬的節儉觀念，在物質上毫不講究，這是不容易的。

　　還有一次，我去衛國的時候，冉有跟著我去，既見世面又可以照顧我。到了衛國我們一看，一派熙熙攘攘的景象。我誇讚道：「這裡人真多呀！」冉有就問：「人口多了，再下一步該怎樣做？」我回答他：「人丁興旺只是為政的基本目標，還要讓經濟基礎扎扎實實，大家都是有錢人。」冉有刨根問底：「人民也富起來了，再進一步又該做什麼？」我說：「嗨，當然是辦教育！窮不辦教育，窮根不斷；富不辦教育，富根不長。」僅是繁榮富強了，但若不努力辦教育，社會、國家乃至民族，終將會墮落與沉淪！其後果是一切繁榮、富有都會毀於教育的缺失！這是一個當政者必須警惕的。

　　不是我吹牛，如果有人任用我治理國家，一年便可以做出個樣子，三年就一定會有成效。只可惜沒人重視我，我的政治理想始終實現不了。古人曾經說過「善人為邦百年，亦可以勝殘去殺矣」，這話真是不錯啊！的確，善人治理國家，經過一百年，也就可以消除殘暴，廢除刑罰殺戮了。雖然我沒有施展抱負的機會了，但我懷著一種期望，假如有成就事業的偉人出現，經過三十年，仁政可能大行於天下。即使不能親眼見到那一天，但是經過一代人甚至幾代人的努力去推行王道，良好的社會基礎、文化環境終究會出現的。

分類：名正言順 ｜ 人氣（81900） ｜ 留言（3）

留 言

在文明人這裡，房子是私人活動的主要場所，太好的房子會把自己的心思限制在小天地裡。你看那些印第安人，房子不過是他們睡覺和吃飯的地方，他們的活動基本與房子無關，房子不會成為他們的財產，所以房子修得再好，也沒多大意義。看來公子荊是個聰明人，聰明人不會把力氣花在物質上，更不會被物質迷糊了。

by 博厄斯

蘇格拉底以歸納法求定義，以定義為吾人行為之標準，孔子亦講正名，以名之定義。使實皆如其名，此即所謂正名主義也。

by 馮友蘭

老師曾說過「其身正，不令而行。其身不正，雖令不從」。一個領導者，如果自己品行端正了，就算不發佈命令，百姓

也會去做;如果品行不端正,再多的法令再多的政策與條例,一樣沒有用,人民群眾也不會去做的。因為群眾的眼睛是雪亮的嘛!社會風氣與領導人的品行有著莫大關係,所以正身是正名的前提。就像老師曾說過的:「苟正其身矣,於從政乎何有?不能正其身,如正人何?」

by 子貢

發表你的留言

NAME:

E-mail:

內容:

發　表

己丑年六月　天氣 ☀ ‑　今日心情 ☺

我從來不避諱政治話題

> 無欲速，無見小利。欲速則不達，見小利則大事不成。
>
> 《論語·子路篇》

　　很多年前，魯定公問我：「一言而可以興邦，有這樣的話嗎？」「不可能有這樣的話，但類似的話是有的。有人說：『做君主難，做臣下也不易。』如果知道了做君主難，從而謹慎勤勉地去研究為君之道，國家興盛不就有希望了，這不近乎於『一句話可以使國家興盛』嗎？」魯定公又問：「一言而喪邦，有這樣的話嗎？」「不可能有這樣的話，但有類似這樣的話。有人說過：『我做君主並沒有多少可高興的，所高興的只在於我所說的話沒有人敢違抗。』如果說得對而沒有人違抗，不也很好；如果說得不對而沒有人違抗，那不就近乎於『一句話可以亡國』嗎？」

　　對於政治方面的話題，我很有興趣。因為我教給弟子的，向朋友、賓客宣揚的禮、仁、孝、義等思想，說到底都與政治密切相關。所以我一直為無法親身在政壇上大展鴻圖，施行自己的主張感到遺憾。也許正是如此，很多比較認

同我的政治觀點的人會經常跟我探討問題。比如，上面我舉的定公的例子。跟國君論政與跟弟子論政是大不相同的，因為他是國君，我說話更要謹慎而婉轉，但也正因為他是國君，我更要表達獨立的見解而不能人云亦云。也許這就是別人說我「溫而厲」、「與人恭而有禮」的緣故吧。

我對子路說，為政先要教化好百姓，然後才能讓他們好好工作。具體再說就是，讓百姓辦事不懈怠無怨言。怎樣才能做到呢？執政者自身行為端正，以身作則，就算不發號施令，百姓也會自覺去做；反之，要是執政者腐敗不端，就算下死命令，百姓也不願服從。所以說，能端正自身所為，為政就十分輕鬆容易，不能端正自身品行，又怎能要求別人作正人君子？

上一次楚國的大夫葉公問我怎樣為政好。我回答說：「讓你治理下的百姓感到幸福，使外縣外地的人都願來投奔你。」他給我講了一件事，他家鄉有個有名的正直不說謊的人，一次他父親偷了別人的羊給他知道，就立即去官府告發了。我說：「我家鄉的正直不說謊的模範與你的那個正相反：父親為兒子隱瞞，兒子為父親隱瞞。這才是正直的表現。」我的回答他十分不理解，若有所思地走了。其實這個誤區很多為政者都存在，大義滅親真的對嗎？如果連父子血脈親情這樣的天理人倫都不足以依賴和托附，那麼還有什麼

是可以令人全心信賴的呢？血緣關係是社會關係最根本的基礎，任何情況不應被挑戰和蔑視，否則我講的仁、義、孝都成了無本之本無源之水。就像好的執政官決不會叫百姓未經任何軍事訓練就去戰場打仗一樣，鼓勵什麼打擊什麼完全能反應出當權者的用心。

為政還有一個很重要的方面是用人。仲方做了魯國季氏的家臣，我建議他赦免犯了小錯的人並選用賢良的優秀人才，這樣可以給下級官吏帶個好頭。他問我怎樣才能知道誰是優秀的人才，我說這還不簡單，從你瞭解的人裡挑選好的，那些你不瞭解的人，當然有人是瞭解的，要嘛他們會去告訴你，要嘛人家等不到馬上就被別人重用啦！

有些人《詩經》背得爛熟，卻做不了一件正經事；派出去從事外交出使諸侯國，卻一點不會隨機應變地拍板定奪。政治理論教科書背得再好，又有什麼用呢！

冉求從季氏府辦完公回來，我問他怎麼這麼晚？他說，有政務大事緊急商議。我冷笑道：「不會是別的事，肯定是在商量幫你主子怎麼弄到那塊封邑之地吧！」要是真的是為國家大事，為什麼要神神秘秘的呢！

子夏有一年去做莒父地方的長官，臨行前來問政。我告訴他：「不要求快，不要貪小利。求快反而達不到目的，貪

圖小利就會辦不成大事。」「求快反而達不到目的」這句話貫穿著辯證法思想，即對立著的事物可以互相轉化，讓子夏慢慢去體會吧。

分類：欲速則不達 ｜ 人氣（84028） ｜ 留言（2）

留 言

君主的一言一行，都關係著國家的興亡。君主能正己，負起責任，才能正別人。正己而且說話謹慎，也就等於一言興邦了。

by 路人甲

版主的觀點全都是迷惑人的。所謂的「仁政」完全指望統治的自覺性，根本回避其統治的合法性。所有言論都是以維護獨裁統治為目的，真是一條媚狗。

by 鹹菜

己丑年六月　天氣 ☀　今日心情 ☺

道德比武器更有力

> 邦有道，危言危行；邦無道，危行言孫。
> 貧而無怨難，富而無驕易。　　　《論語·憲問篇》

　　今天去學生原憲家做客，原憲問我什麼才是可恥。我說：「國家政治清明，可以做官拿俸祿；國家政治黑暗，還做官拿俸祿，這就是可恥。」原憲又問：「好勝、自誇、怨恨、貪欲都沒有的人，可以算做到仁了吧？」我說做到這一點是很難得的，至於是不是做到了仁，就很難說了。仁不僅僅是這個，這只是仁的一個部分。

　　針對第一個問題，我對原憲說：「國家政治清明，要直言正行；國家黑暗無道，仍要正直，但說話要隨和謹慎。」這當然不是我在教人耍滑頭。太平盛世的時候，做個端正君子，說話有理有據，就不用害怕。但如果生逢亂世，做人正直，在話語上得小心注意，因為亂世沒什麼規矩章法可言。作為對「恥」的補充，我又說：「有道德的人一定有言論，有言論的人不一定有道德。仁人一定勇敢，勇敢的人不一定有仁德。」所以存在著沒有仁德的君子，卻沒有有仁德的小

人。

七十二個我最得意的弟子中，原憲的隱逸思想很濃厚。我希望他有所作為，所以鼓勵他：「士而懷居，不足以為士矣。」意思是，一個男人如果只關心求田問舍，品行再好也算不上「士」。

而南容卻在旁邊感歎：「羿善於射箭，奡善於水戰，最後都不得好死。禹和稷都親自種植莊稼，卻得到了天下。」我沒有接他的話，他走了。等他一走我忍不住豎起大拇指表揚道：「這個人真是個君子，道德修養一流！」只有道德才能讓人膺服，武力不可能獲得天下人心。換句話說，如果要爭奪天下，道德是比武力更有威力的武器。

過了一會兒，我們聊到鄭國。鄭國的誥命頒佈出來非常慎重，一般要先由裨諶起草，接著由世叔討論、檢查、研究，再由外交官子羽修改，最後還要經過首席大臣子產在文采辭藻方面加以潤色，才算完結。這說明鄭國真有人才，誥命的頒佈都要經過這麼多道程序，但也說明寫政府公文很困難的，需要非常用心，只要一個字不合就有可能惹起大麻煩。

旁邊有學生問，子產這人怎麼樣？我說子產是個很了不起的大政治家，當政時做了許多惠及百姓的好事。「楚國的子西呢？」該學生又問。我能怎麼說呢？對這個楚國的宰

相，我只能吱吱唔唔：「他呀……他呀……」想當年我到楚國的時候，他居然怕我把他擠下台去……

「管仲這人如何？」該學生還問。我告訴他，雖然管仲有時不懂禮，生活奢侈，但識人要全面體察，他還是個了不起的人物。他在當政的時候把齊國另一大夫伯氏家的三百好田收為公有。伯氏一家人因此變得窮困，只有清茶淡飯可吃，但一直到死都沒有怨恨管仲，心服口服。這就是人物！但伯氏也確實是修養不錯的，所以我告訴學生：「窮卻沒有怨言很難做到，富而不驕傲容易做到一些。」

又談到魯國孟孫氏家族的孟公綽，我認為孟公綽做晉國越氏、魏氏的家臣才力有餘，但不能做滕、薛這樣小國的大夫。子路立刻在旁邊問什麼才是全才。既然孟公綽這樣的都不是全才，全才應該是什麼樣子的。「如果具有臧武仲的博學智慧，孟公綽的克制冷靜，卞莊子的勇敢果斷，冉求那樣多才多藝，再用禮樂加以修飾，就可以算是一個完人了。」但這個要求實在是太高，簡直是國家級的標準，可見我們儒家培養人才的修養標準之高。雖然讀書做學問的人被認為是一介儒生，似乎從老聃那裡給人以「柔儒」的印象。但我提倡的是「君子儒」，綜合了我們能夠學習到的一切美德。可是根本上只有兩條，一是不能見利忘義，另一個就是具有犧牲精神。還有一點，說的好聽不見得能做到：往往一個大言

不慚的人，真做起來一定是困難的，「仁」更重要的是行動。

分類：富而無驕 ｜ 人氣（89103） ｜ 留言（4）

留言

原憲，字子思，史籍對他有原思、仲憲之稱。春秋時期魯國（今仲村鎮南屯）人。生於西元前515年（魯昭公二十七年），其師孔子死後即到衛國隱居，卒年不詳。原憲性格怪異，不修邊幅，不僅世人，就連他的同窗學友也大惑不解。因此，他被司馬遷收入《史記・遊俠列傳》之中，視為奇人俠士。

by **注解狂人**

原憲在魯國受窮，子貢在衛國經商。原憲貧窮有損於身體，子貢經商有累於身體。所以貧窮也不行，經商也不行。

（原憲窶於魯，子貢殖於衛。原憲之窶損生，子貢之殖累生。然則窶亦不可，殖亦不可。）

by **楊朱**[①]

原憲住在魯國，家居方丈小屋，蓋著新割下的茅草；蓬草編成的門四處透亮，折斷桑條作為門軸，用破甕做窗隔出兩個居室，再將粗布衣堵在破甕口上；屋子上漏下濕，而原憲卻端端正正地坐著彈琴唱歌。子貢駕著高頭大馬，穿著暗紅色的內衣，外罩素雅的大褂，小小的巷子容不下這高大華貴的馬車，前去看望原憲。原憲戴著裂了開口的帽子穿著破了後跟的鞋，拄著藜杖應聲開門。子貢說：「哎呀！先生得了什麼病嗎？」原憲回答：「我聽說，沒有財物叫做貧，學習了卻不能付諸實踐叫做病。如今我原憲，是貧困，而不是生病。」子貢聽了退後數步，面有羞愧之色。原憲又笑著說：「迎合世俗而行事，比附周旋而交朋結友，勤奮學習用以求取別人的誇讚，注重教誨是為了炫耀自己，用仁義作為奸惡勾當的掩護，講求高車大馬的華貴裝飾，我原憲是不願去做的。」

（原憲居魯，環堵之室，茨以生草，蓬戶不完，桑以為樞而甕牖，二室，褐以為塞，上漏下濕，匡坐而弦。子貢乘大馬，中紺而表素，軒車不容巷，往見原憲。原憲華冠縰履，杖藜而應門。子貢曰：「嘻！先生何病？」原憲應之曰：「憲聞之：無財謂之貧，學而不能行謂之病。今憲貧也，非病也。」子貢逡巡而有愧色，原憲笑曰：「夫希世而行，比周而友，學以為人，教以為己，仁義之慝，輿馬之飾，憲不

忍為也。」）

by 莊周

原憲可不是一般人，清貧有時不僅僅是姿態。

（原生何淡漠，觀妙自怡性。蓬戶常晏如，弦歌樂天命。無財方是貧，有道固非病。木賜欽高風，退慚車馬盛。）

by 吳筠[2]

訪客小檔案

① **楊朱**，生卒年不詳。魏國人，又稱楊子、陽生、陽子居。戰國時期思想家，反對儒墨，主張貴生，重己。

② **吳筠**（？—778），字貞節，華陰人。唐代道教思想家。

己丑年六月　天氣 ⛅　今日心情 ☺

君子成仁，各亦有道

時然後言，人不厭其言；樂然後笑，人不厭其笑；義然
後取，人不厭其取。　　　　　　　　《論語·憲問篇》

　　今天碰到衛國的公明賈，我問他公叔文子是不是像傳說
中的那樣，不說，不笑，不取錢財？公明賈回答道：「誰這
樣說的呀？肯定是傳話傳得這樣邪乎了！這位夫子，他到該
說時才說話，因此別人不討厭他說話；高興了才笑，因此別
人不討厭他笑；符合道義的財利他才取，因此別人不討厭他
取。」我有點不相信：「原來如此，難道真是這樣嗎？」誰
說的話可信，誰說的話不可信？時間流逝可能給人真相，但
不是所有的事情時間都能給出真相。

　　前些日子談到臧武仲，我現在才想起此人因得罪孟孫氏
逃離魯國，回到封地防邑後向魯君要求，以立臧氏之後為卿
大夫作為條件，自己才肯離開防邑。我認為他以自己的封地
為據點要脅君主，是犯上作亂。表面上雖然說是提出退讓的
要求，不說要脅，其實是騙人的鬼把戲。

　　當代人中我不欣賞的還有晉文公姬重耳，稱霸後召見周

天子，這對我來說是不能容忍的。此人經過十九年的政治流亡之後，吃夠了流亡的苦頭，很瞭解人心的險惡，所以便懂得如何運用權術。我認為此人詭詐而不正派。那麼有沒有正面教材呢？有——齊桓公姜小白，他就算稱霸，至少打著的也是「尊王」的旗號。

我這樣評價的時候子路插話問我，齊桓公殺了政敵兄弟公子糾，糾的手下召忽也死了，但糾的另一個手下管仲卻沒有自殺，管仲不能算是仁人吧？我卻認為桓公多次召集各諸侯國的盟會，不用武力就能做到，全是管仲的力量。這就是他的仁德！

子貢卻不同意我的看法，他在旁邊嚷起來：「從個人的人格來看管仲，可以說他不仁也不義。何故？齊桓公殺了公子糾，管仲本來追隨公子糾，照理也應該殉死才對，他卻不但不能以死盡忠，後來反而更進一步：投降齊桓公，最後貪圖富貴做宰相。這難道就是仁嗎？」

仁的精神相同，但對每個人的要求是不同的，看要看大節。所以我這樣回答子貢：「管仲輔佐桓公，稱霸諸侯匡正天下，老百姓到了今天還享受到他的好處。如果沒有管仲，恐怕我們也要退回披頭散髮的野蠻民族時代。哪能希望他像普通百姓那樣恪守小節自殺在小山溝裡，而誰也不知道？」政治道德與人生道德很難評論得公平中肯，所謂人無完人

嘛！管仲對歷史的貢獻有如此之大，也就不要苛求他了。

子貢算是暫時閉了嘴，又有學生告訴我，由於公叔文子推薦，文子的家臣僎和文子一同做了衛國的大夫。我感歎道：「公叔文子現在可以稱得上『文』了。」因為稱文的有這六種：經天緯地，道德博聞，勤學好問，慈惠愛民，湣民惠禮，賜民爵位。公叔文子名實相符，做到了「己欲立而立人，己欲達而達人，」也配得上稱「文」。

上午季康子來，大家閒坐聊天，講到衛靈公的昏庸無道。季康子說：「既然如此，為什麼他沒有敗亡呢？」我回答他：「因為他有仲叔圉接待賓客，祝管理宗廟祭祀，王孫賈統率軍隊，怎麼會敗亡呢？」仲叔圉懂禮義，替他處理外交，並且處理得非常不錯；祝這種能言善辯的人幫他打理文化教育與內政；王孫賈善兵法主持國防、軍事。從外交到內政到國防都有不世之才在打理，要滅亡也不是件容易之事。再說衛靈公的無道也只是寵信南子，不聞政事，並不是專權誤國。但由此可見為君者，自己無能不要緊，放手授權給能幹的臣子，反而會有更好的結果，這也是我讚賞的君臣關係。

分類：言之不怍 ｜ 人氣（93513） ｜ 留言（4）

留言

公叔文子，春秋時衛國大夫，即公叔發，衛獻公之孫，名拔，諡號「文」。衛靈公三十一年（前504年），魯定公侵鄭，占取匡（今長垣縣北），去時不向衛借路，回時陽虎卻要讓魯軍過衛都中，衛靈公大怒，派彌子瑕追魯軍。當時公叔文子已告老退休，從車去見靈公，勸靈公不要效法陽虎，讓陽虎作惡增多自行滅亡。靈公乃止。

by 注解狂人

公叔文子做楚國令尹做了三年，老百姓沒有一個敢到衙門裡去。公叔文子看到就說：「太嚴了。」有人說：「朝廷嚴厲一點，怎能就說是妨礙治理國家呢？」公叔文子說：「太嚴厲了，下情不能上達。下面的人默而不言，在上位的人就變成聾子。聾子和啞子是不能互相通話的，還談什麼把國家治好呢？順著針縷織下去，就可織成帳幕，一升一斗地累積，就可把倉庫塞滿。」

by 路人乙

周公恐懼流言日，王莽謙恭下士時，若是當時身便死，一生真偽有誰知？看到公叔文子，不由想起我寫過的詩句。

by 白居易

做一個君子，內行無愧即可，何必在意別人怎麼評價自己，歷史怎麼評價自己？千秋萬歲名，寂寞身後事，而千秋罵名也是身後事，這個不重要。

by 孔丘

發表你的留言

NAME：

E-mail：

內容：

發　表

己丑年七月　天氣　☀　今日心情 ☹

人要有所為有所不為

子曰：「不在其位，不謀其政。」曾子曰：「君子思不出其位。」　　　　　　　　　　　《論語·憲問篇》

　　一大早我就聽到一個噩耗：齊國大夫陳恆，也叫成子，那傢伙作亂犯上，把他的國君齊簡公殺掉了，自己做了國君。這傢伙以前裝好人，借糧時以大斗借出，小斗收進，以拉攏人心得到百姓的擁護。但裝仁人義士始終裝不長久，狼子野心終於露出來，犯下了天底下最可惡的罪行：弒君！

　　聽到這消息我非常難過，默哀三分鐘後沐浴更衣，穿上禮服去見魯哀公，對他說：「陳恆殺了他的君主，請您出兵去幫助齊國擺平此事。」由於哀公也沒什麼實權，權力全在季氏三兄弟的手中，無奈地搖搖頭對我說：「你去和季氏三家講吧。」

　　退朝後我去找季氏三家，請他們派兵去平叛，季氏三家卻不肯出兵，事不關己，高高掛起。說不定他們還認為陳成子給他們做了個榜樣呢。所以我又能怎樣呢？我只有說：「是因為我做過大夫，所以不能不來報告。」

現在我把陳成子的罪行和魯哀公的無能、季氏三家的無恥記錄在這裡，讓後人去唾棄他們吧！

記得子路曾經問我如何事奉君主，我回答他：「不能欺騙他，但可以犯顏直諫。」在這件事上我沒有欺騙君主，雖然我的要求讓他不高興，但我也要忠於我的原則。我認為我做到了君子應該做的，因為向上通達仁義才是君子，又想起季氏三家，真令我生氣。季康子經常裝做好學的樣子向我請教，原來也不過是做樣子而已。古人學習是為了提高自己，而現在的人學習是為了給別人看，這季氏就是個很好的反面例子。而在這件事上我有沒有超出自己的職責範圍呢？不在那個職位，就不要考慮那方面的政事，我曾說過這話。細細反思了一下，似乎也不算超出我的職責範圍。曾參勸慰我：「君子思不出其位。」意思是君子的思考從不會超出自己的職責範圍。也是，這事就算了吧，懶得再去想。

下午接見了衛國大夫蘧伯玉派來問候我的使者。使者坐下休息了一會兒，喝了些茶。我問他：「蘧先生最近在做什麼？」使者回答說：「夫子天天在讀書學習，想要減少自己的錯誤，但感覺自己未能做到，沒達到這個標準。」使者離開以後，我對學生們說：「多好的一位使者啊！」蘧伯玉是衛國有名的賢大夫，而衛國那個地方是我祖先生之養之的地方。當年我到衛國時就住在蘧伯玉的家裡，我和許多弟子的

生活都是蘧伯玉供應，照應得很周全很體貼。而這位使者也很了不起，被人問到上司的事時也應對得那麼謙虛得體，看來此人是做外交大臣的料兒。使者說他的上司還沒有做到減少自己的錯誤，那麼，我沒有做到什麼呢？細細想來我沒有做到的也很多，但主要在這幾個方面：仁者不憂愁，聰明人不迷惑，勇士無所畏懼。這是我以前就教給學生們的。子貢在旁邊插話道：「這正是老師說自己的話啊！」

借子貢的這句話，我趁機告訴弟子們：「君子恥其言而過其行。」說得多做得少或光說不練都是可恥的，君子必不肯為。我想我至少也給他們做了表率，做不到我就承認自己做不到，而不是拍拍胸口說自己樣樣周全。

子貢這人比較直率，動不動就當著別人的面批評人家缺點。我對他說：「你真的就這麼賢良嗎？你自己就沒有缺點嗎？換成是我，我才沒這個閒工夫去指責人家。」還不如去看看書喝喝茶，既充實自己又不得罪人。

就算我們真有評論家的本領，也用不著時時顯露，不要憂慮別人不知道自己，只擔心自己沒有本事，這才是君子之道。所以在待人接物之道上，不可預先懷疑別人欺詐，明知別人騙你，也用不著去揭穿他，自己心裡有數就行了。不隨便猜疑揣測別人，然而能事先覺察別人的欺騙和虛假，這就是賢人了。

分類：夫子自道 | 人氣（91729） | 留言（3）

留言

蘧伯玉，名瑗，今長垣縣伯玉村人（一說今濮陽縣老渠村
人），生卒不詳。事衛三公（獻公、襄公、靈公），因賢德
聞名諸侯。春秋末衛國大夫。相傳他行年五十，而知四十九
年之非。蘧伯玉品德高尚，光明磊落，孔子與善者，於齊晏
嬰，於鄭子產，於衛伯玉。孔子幾次到衛國，多居蘧伯玉
家，可見孔子與伯玉相交之厚。《淮南子・卷一・原道訓》
說：「蘧伯玉年五十而知四十九年非。」伯玉確是一位求進
甚急而又善於改過的人。 衛靈公曾和夫人夜坐，有車從門前
通過無聲。衛靈公對夫人說：「這一定是蘧伯玉，伯玉是衛
國最懂禮節之人，今車過無聲，不是蘧伯玉，還有誰能悄然
而行？」第二天，衛靈公派人詢問，果然是蘧伯玉。蘧伯玉
死後，從祀孔子廟庭。

by 注解狂人

看到稟告魯君這一段，孔先生起居飲食儼然貴族，這肯定不
是他故意擺闊，而是若不這樣就不合乎禮。

by 馮友蘭

仁者不憂，知者不惑，勇者不懼——這夫子自道很好地解釋
了孔子為何要著朝服去見哀公。因為他是「仁者」，所以
「不憂」去報信會遭受冷遇；因為他是「知者」，所以「不
惑」於時勢的變化。因為他是「勇者」，所以「不懼」季氏
三家。

by 路人甲

發表你的留言

NAME：

E-mail：

內容：

發表

己丑年七月　天氣 ☁　今日心情 ☺

堅持理想需要有不被人理解的勇氣

> 子路問君子。子曰：「修己以敬。」曰：「如斯而已
> 乎？」曰：「修己以安人。」曰：「如斯而已乎？」
> 曰：「修己以安百姓。修己以安百姓，堯舜其猶病
> 諸？」　　　　　　　　　　　　　　《論語·憲問篇》

　　傍晚散步時，不小心碰到了道家隱士微生畝。我一向
很害怕遇到這些大隱士，每回總被他們弄得灰頭土臉，心情
鬱悶。正要避開時，微生畝已經從對面盯著我走過來，我也
就不好意思再藏到樹背後或岔到另一條路上去，只好微笑著
走上前去行禮。行完禮，打完招呼，聊了一下這幾天涼爽的
天氣，再沒話說了。正要分別的時候，這老兄突然說：「孔
丘，你為什麼這樣四處奔波遊說呢？不就是要顯示自己的口
才或者說花言巧語嗎？」

　　他的話讓我有些難堪，不過又一想，人家是高人、是隱
士，境界可能比我高。雖然他誤解了我，我也不好反駁，只
好自嘲地說：「我並不是好說討人喜歡的話，而實在是自己
毛病太深了，沒得辦法。」其實言下之意你愛隱你的我愛奔

171 ▶

走我的，道不同不相為謀，我不管你的出世你也就別管我的入世。

微生畝歎了口氣，搖搖頭，走了。

有時候，我感覺自己就像一匹上了年紀的千里馬，雖然跑得不快了，但仍然不肯休息。千里馬值得稱讚的不是它的氣力，而是它的品德。一個為國家社會利益付出的人不會問眼前的效果怎麼樣，只問自己應該做不應該做。這也是微生畝引發我的感歎。

再往前散步，碰到一個不認識的人，但他認識我，停下來問我：「孔老師啊，以恩德回報怨恨，何如？」這不是道家的看法嗎？今天怎麼了，總碰到道家。我並不同意這種看法，但也沒有直接反駁他，而是給他論理：「兩種情況應該分開來看：一種是別人對不起我而我對他好，另一種是人家對我好我該怎樣報答。我主張的是以公平正直的態度和行為報怨；以恩德報答恩德。」明辨是非很重要，以德報怨，做老好人只能縱容怨恨和惡行。

散步回來感慨良多。自言道，沒有人瞭解我。子貢在旁邊說：「天下誰人不識君，老師何故認為沒有人瞭解你？」我悲苦地回答他：「我不埋怨天，也不責備人，下學禮樂而上達天命，瞭解我的大概只有天吧！」人生難免有沮喪的時

候，我其實沒你們想的那樣堅強，我也有內心悲涼的時候
啊。

　　晚上，子服景伯來稟事，說起公伯寮。公伯寮是魯國政
界紅人，因為魯國政權掌握在季家三兄弟的手中，公伯寮就
暗地挑撥是非，在季孫面前講子路的壞話，這也是間接地攻
擊我這個當老師的。子服景伯對我說：「以我今天在官府的
力量足以把他殺了，陳屍於市，讓大家看看他的下場！」雖
然我的學生們在各行各業包括政府部門都很有勢力，但我認
為仁義最重要，一向反對運用暴力而不是道德去征服人。所
以我趕緊叫子服景伯打住：「道能夠得以推行，是天命決定
的；道不能得以推行，也是天命決定的。公伯寮能把天命怎
麼樣呢？」我相信天命，尤其是在遇到重大困難的時候。

　　說到此刻，忽然心有所悟，其實自己對道家的思想也不
反對，我一向的觀點是「賢者辟世，其次辟地，其次辟色，
其次辟言」。賢人逃避動盪的社會而隱居，次一等的逃避到
另外一個地方去，再次一點的儘量避開別人難看的臉色，最
低的是回避別人難聽的話。但能真正逃離世事的人，也就
七八個罷了。

　　想起一件關於子路的事。有一回子路在石門這個地方過
夜，早晨起來，一個看門人問子路從哪裡來。子路說是從孔
先生那兒來的。這個看門人說，就是那個孔丘？那個明知道

做不到還硬要做的人嗎？這守門人其實就是個隱士，學問與道德都很好，可是隱居在一群普通工作人員當中。他們儘管隱他們的吧，明知其不可為而為之，這就是我們儒家所提倡的入世精神。

記得當年我在衛國擊磬的時候，正好一個挑草器的人走過門前。一聽到我敲出的磬聲，他就說這裡面敲磬的人一定不是一個平凡之輩，而是一個有心人。再聽了一會兒，他又說，這個人太固執，太不自量，明知道做不到卻硬要去做。這個時代已經這個樣子了，你拉不回來的。如果時代可以挽救，你就應該盡力去做；但如果時代到了連小雞都被踩扁了頭的地步，最好隨遇而安吧。就如同過河時，水淺就撩起衣服蹚過去，水深的地方乾脆就這麼穿著衣服過去算了。學生們聽了這個故事，問我是怎樣回答的，記得當時我歎了口氣，停下擊磬，告訴他：「人生難就難在最後的決定，你既然已經如此，隨你想去吧，唉！」

分類：修己以敬 ｜ 人氣（99182） ｜ 留言（7）

留言

所以在我們道家人眼裡，儒家孔丘之流就如害了熱病四處奔

走以求散熱的患者。多可笑！

by 微生畝[1]

就像我在《魏晉風度及文章與藥及酒之關係》中說的服了五石散……

by 魯迅

孔子不喜歡隱士，與他不喜歡農業有關係。有一次他在講學時，樊遲也進來湊熱鬧。這是個好學勤問的弟子，他請教如何種莊稼。孔子說：「我不如老農。」他以為樊遲真是把他這裡當做農業技術學校了，連學校的研究院性質也看不清，那些細枝末節的事，還來煩他！樊遲又請教如何種菜。他不高興地說：「我不如老菜農。」樊遲得不到答案，走了。看他消失在院子外面，孔子不以為然地說：「樊遲真是小人。在上位者只要重視禮，老百姓就不敢不敬畏；在上位者只要重視義，老百姓就不敢不服從；在上位的人只要重視信，老百姓就不敢不用真心實意來對待你。要是做到這樣，四面八方的老百姓就會拖家帶口地坐著馬車、步行、乘船來投奔，哪裡用得著自己去種莊稼呢？我這裡是培養知識份子的，不培養農民。」

by 路人丁

不一定，我問如何從政的時候，老師就告訴我「做在老百姓之前，自己勤勞一些」。另外我還想問老師，到底什麼是君子，我對這個問題總是有些迷糊。

by 子路

君子不斷提高自身修養，使周圍的人們安樂。

by 孔丘

這樣就夠了嗎？

by 子路

如果連這個都做到了，還怕成不了堯舜嗎？

by 孔丘

訪客小檔案

① **微生畝**，姓微生，名畝，春秋時魯國的隱士。

己丑年七月　天氣 ☀　今日心情 ☺

永不放棄自己的道德原則

君子謀道不謀食。耕也，餒在其中矣！學也，祿在其中
矣。君子憂道不憂貧。

在陳絕糧，從者病，莫能興。子路慍見曰：「君子亦有
窮乎？」子曰：「君子固窮，小人窮斯濫矣。」

《論語‧衛靈公篇》

　　人老了之後就會不由自主地想起一些過去的事，過去的
人，過去的浮雲與落日。文化的「復興」，與人生暮年對往
生的回憶和新生的期待相比是不是很相像？

　　記起那年在衛國，衛靈公問我如何行軍打仗。我說，禮
儀是文化方面的事，我學過，也知道是怎麼回事，但至於軍
旅之事，很抱歉我沒學過，所以沒法告訴你什麼。衛靈公顯
得很失望，但我更失望。在我周遊列國的過程中，靈公對我
的主張是比較認同的，但他的思想也擺脫不了靠武力征服天
下的頑劣之見。我怎麼會一點不知道軍事呢？只是我一向反
對武力，不願意談這些罷了。

　　與衛靈公有了分歧，第二天我就帶著弟子們離開衛國。

途經陳國，因為離開得太急，沒有準備充足的糧食，所以就斷糧了。弟子們病的病，餓的餓，躺在冷冰冰的小客棧裡都很痛苦，就連熱水也沒有，更不用說熱飯熱菜。

這時，子路氣呼呼地進來問我：「老師，您天天教我們學問道德，教我們做君子，現在好了，同學們餓的餓病的病，乾著急沒辦法。您說，君子應該這樣窮困窘迫嗎？」我看出現在正是士氣低落的時候，就對子路說：「不管君子窮不窮，在貧窮的環境裡他首先不會抱怨，放棄自己的道德原則。而小人呢，一受窮就會放棄原則，什麼事都做得出來。我相信，你們是君子而不是小人！」

事實上，在我眼裡，君子只應當著眼在求道和行道這樣的精神層面，不謀求衣食。天天耕作也常有餓肚子的時候，學習好卻可以當官拿俸祿，因此君子只擔心道不能行就可以了，不必擔心貧不貧窮。也就是說君子應該致力於形而上，不是形而下。

憶起這些事，想起關於君子與小人的話題，在今天我的人生觀裡，何謂君子，何謂小人？我前面談過什麼是君子，現在著重說一下小人。

我們今天的世風敗壞表現在：人們整天聚在一起說三道四，張家長李家短，但所做所言都達不到義的標準，只喜歡

做些小恩小惠的事，玩點兒小聰明，這些人，沒法挽救了。這些人可謂之小人。

君子卻不同。他們以義為根本，用禮加以推行與約束，做人謙遜，對人有誠信的態度，換句話說，做到義、禮、遜、信，就是遠離了「言不及義」的小人。

君子只害怕自己沒有能力，做不到，不會因為說的漂亮而妄乎所以。名聲大小不是君子貪圖的。如果說君子要考慮名氣，也不是考慮當世的名氣，他只害怕自己死後，許多年後別人不知道自己。要成名就要成千秋萬世之美名，而不是當時小敲小打的虛名，所以說「君子疾沒世而名不稱焉」。而小人終日「言不及義」，不求形象端莊，不怕讓人感覺輕浮，專事結黨營私。區分出君子與小人的界限之後，你會發現做人處世上，君子與小人根本無法相知共處。

不過小人也並非一無是處。可以讓他們去做那些具體而瑣屑的事，但絕不能擔當重任，他們往往也有可用之才，所以要善於利用他們的長處。君子因為有高尚的道德修養、淵博的知識，是要去肩負天下的重任，做大事的，不能讓他們陷入細碎的小事當中，由這些去「考驗」他。就像讓姜太公這樣的大才去做釣魚這種小事，用的魚鉤都是直鉤，你能說他愚蠢得不會釣魚嗎？他是利用釣魚謀求天下大事啊。

孔子。部落格

分類：君子固窮　|　人氣（80618）　|　留言（6）

留　言

孔先生說得對，用我的詩句來說：有何勝利可言，堅持意味
著一切。

by 里爾克[①]

在聖人的文字中，第一次看到關於他也「窮過」的文字。

by 儒家後學

像我這樣的君子，不也挺愉快嗎？當然，因為教育的發展，
儒生越來越多，人才過剩，所以不是每個儒生都能做官，於
是變得很貧窮。「君子固窮」也不失為後世窮儒生的一種自
我安慰。

by 范蠡

孔老師在這裡說的小人不是指道德方面，而是指沒有受過良

180

好教育的普通百姓，更不是指小孩子。在看孔老師的部落格時注意到，孔老師對詞的定義歧義很大，更不是一成不變的，「小人」在有些時候指壞人，有時則指不依禮法者，有時則指普通百姓。所以「小人」概念我們不能一概而論。

by 小人

其實在君子這裡沒有窮或不窮的區別，因為物質不是他們所考慮的，只有小人才會考慮物質，所以君子「固」窮。這個「固」字值得好好琢磨。

by 路人戊

貧窮時要表現出廉潔，富貴時要講真理正義，對人生前愛戴，死後真心哀悼，情之所至，這四種表現不是可以用虛浮的外表假裝出來的，是由反躬自問、自省自修才能做到的。

（貧則見廉，富則見義，生則見愛，死則見哀。四行者不可虛假，反之身者也。）

by 墨翟

訪客小檔案

① **里爾克** （1879—1926），奧地利著名詩人。

發表你的留言

NAME：

E-mail：

內容：

發 表

己丑年八月　天氣 ☀　今日心情 ☺

學習要有方法

子曰：「賜也！女以予為多學而識之者與？」對曰：
「然，非與？」曰：「非也。予一以貫之。」

《論語・衛靈公篇》

　　事實上，很多人都覺得我之所以能夠建立自己的思想體
系是因為我博學多記。這種說法有一定道理，但不完全。我
覺得自己之所以有目前的成就，最重要的是因為我能以自己
的思想核心將所學的知識貫穿起來。

　　在我看來，所掌握知識的多少不是一個人獲得成就的關
鍵，而在於你是否掌握了消化知識的方法，這個方法就是形
成自己的見解，確立核心的理念。只有形成了一個正確的、
獨特的見解，才能從紛繁的知識之中尋找屬於自己的體系。
這個過程稱為「一以貫之」！

　　在我的學生中，有些學生致力於創作，有些致力於雄辯
術，對此我認為言辭只要能準確表達意思就行了。如果把重
心放在修飾言辭上，在做文章時忙於炫耀文采，以至於內容
蒼白而表達囉唆；在說話中如果忙於顯示自己的華麗詞藻，

就會產生障礙或者歧義，以至於影響別人對你真實意思的領會。所謂「辭，達而已矣」！

　　一般來說，凡是不能執著於尋找規律的人，大都容易浮於表面。這些人或許在特定的時間段內能獲得讚譽，但放於歷史長河中卻不能有所建樹，眼前的虛榮對於他們來說是最為關鍵的，掌握事物的真相與知識的內涵對他們來說卻沒有什麼意義。簡單來說，這樣的人缺乏嚴謹和認真的治學態度。

　　針對門下弟子的不同資質、不同個性，為了讓他們有一個正確的治學態度，我覺得因材施教是非常重要的環節，只有這樣才能讓每個學生意識到自身的不足，針對性地改進。在我看來，不管是什麼樣的學生，如果因材施教，都可以有效果，所謂「有教無類」。不管是什麼階級出身，什麼資質，什麼背景，在我看來受教育之前的人與人之間是沒什麼天壤之別的，只要願意上門來跟我學習，都有機會成為人才。我不信什麼天賦神授，一切都是教育與自身努力的結果。

　　在教育中，讓學生去主動思考是很重要的。我不是要他們自己去思索那個抽象而無所不在的「一」嗎？但如果沒有足夠的知識積累，僅僅空想也不會有什麼結果，學習知識體會道理是思的前提，思是將知與行合一之後的昇華。我曾經

整天不吃飯，徹夜不睡覺，苦思冥想一個問題，結果還是不明白。與其那樣，不如投身學習和實踐。

所以說，在我的教育理念之中，如何因材施教，教會學生懂得一以貫之的重要性是最重要的環節。這是如何將弟子們引向成功的關鍵。不過話又說回來，弟子們是否接受我的想法，還是取決於他們自身。我告訴他們治學的方法，並不是強迫他們去做。子貢曾經問我，有什麼東西是可以奉行終身的嗎？我告訴他說，如果說有的話，那麼只能是一個「恕」字。在我看來，這就是自己不願意做的事就不要強加給別人。寬恕是一種美德，也是做學問時具備包容性的前提，這樣才能兼收並蓄。

分類：一以貫之 ｜ 人氣（62745） ｜ 留言（4）

留 言

天得一以清，地得一以寧。一，在我們道家這裡就是「道」。

by 李耳

「一」在佛家這裡也是「佛」的意思。關於「一」，佛家有許多原理，比如「萬法歸一」。這個「一」在儒家也是很重要的，也是「道」的表現形式，讀者不可不認真揣摩。

by 弘一

關於「欲」與「施」那段對話，我講個類似的故事。石霜楚圓禪師頗為欣賞我的詩：赤旃檀塔六七級，白菡萏花三四枝。禪客相逢只彈指，此心能有幾人知。有一回見面時問我：「如何是此心？」我雖以詩聞名，但在禪上卻不是最通透的人，一時呆住竟不能答。石霜楚圓笑著説：「你問我來答。」於是我當真問：「如何是此心？」石霜楚圓應聲而答：「能有幾人知？」

by 貫休[①]

話語即權力。從一部《論語》中我們可以很清晰地看到關於話語權的鬥爭。

by 福柯

訪客小檔案

① **貫休**，俗姓姜，字德隱，婺州蘭溪（今屬浙江）人。唐代
詩僧。

發表你的留言

NAME：

E-mail：

內容：

發 表

187

己丑年八月　天氣 ☁　今日心情 😐

外交要靈活更要有原則

> 言忠信，行篤敬，雖蠻貊之邦，行矣。言不忠信，行不篤敬，雖州里，行乎哉？立，則見其參於前也，在輿，則見其倚於衡也，夫然後行！　《論語・衛靈公篇》

　　前陣子我與子路聊天，其間提到如今天下「德」的喪失。在我看來，世間天下，「道」是根本，是體，而「德」是用，「道」是不變的，但「德」隨著時代的變換而改變。可能還有一些人在追求「道」，但「德」就沒有幾個人用心學習體會了。

　　談道德是道家的事，他們的教材就分《道經》與《德經》。道家提倡無為而治，我雖與道家有些不太愉快的淵源，但我並不反對道家，想能無為而大治天下的，也就只有舜了。他做了什麼呢，他怎麼無為呢？對自己恭敬嚴肅，正南面而已矣。將自己的「道德」修正好，以這個風氣就能影響臣下們一層一層地效法。

　　我的弟子子張曾問我如何能做好外交工作。我告訴他：第一，對人要誠懇，有什麼說什麼，不要花招，簡單而實

際；第二，與不同文化不同國家不同種族的人相處，要尊敬他們，但也要大方，不要貼得過近不留空間，免得有干涉內政的嫌疑，讓人不舒服。如果做到這兩點，就算與邊疆不同風俗文化地區的人，你也交往得來，可以在他們的地盤內相安和睦。其實做不到這兩點，就算在本鄉本土也處不下去，遑論在別的地方？站著，就彷彿看到忠信篤敬這幾個字顯現在面前；坐車，就好像看到這幾個字刻在車轅前的橫木上，這樣才能讓自己隨遇而安。這些道理淺顯明瞭，無論是道家或是別家，都是一樣的。

子張聽了我的答案，很是贊同，立刻在地上撿了一塊可以畫出顏色的小石子，在自己的腰帶上刻上我所說的話，以示不忘。

今天下午我和弟子憑窗而坐，對面的小山下，有人在射鳥，箭矢筆直地在空中劃出一條條線。此時我們正好說到衛國大夫史魚。史魚一生剛正不阿，以直諫聞名。在我看來，他的正直，如同方才山下射出的箭一樣，國家無道，他的言行也鋒利得像箭一樣。

和史魚相比，同樣做到衛國大夫的蘧伯玉也是一位真正的君子。國家有道就出來做官，國家無道就辭退回鄉，自己的主張無法伸張就藏在心裡。

歷史上，君子與正直的人總是讓我們難以忘懷。因此，我想告誡學生的就是：人立於世當以先賢為榜樣。假如對朋友，可以同他說真話的時候卻不曾像史魚一樣坦言，這就是對不起朋友；而不必要談的話卻對他談，這就是失言，將會帶來禍端。有智慧的人既不應該失去朋友，又不應該說錯話。所以說話的場合和對象非常重要。

子貢算是不世出的政治家、外交家、企業家。他曾問我怎麼才能實行仁德。我告訴他：「工欲善其事，必先利其器。住在這個國家，就要事奉大夫中的那些賢者，與士人中的仁者交朋友。」這並不是我教他去玩弄權術，事實上，這是一種生活工作、人際交往的常識。如果條件不具備，準備工作（工具）不充分，做起事情的成功率就不會高，不順利。子貢工作性質要求他必須與各國的大人物打好關係，這其中也許會講策略和靈活。只有這樣才知道他們在想什麼做什麼，才會資訊靈通，隨時應時天下的局勢變幻。因此，在我看來，子貢的這種交往只要有益於世人，不惟私利，那麼利用賢人、能人也是符言「仁」的準則的，不能列入無德權謀家的行列中。

分類：先利其器 ｜ 人氣（53927） ｜ 留言（3）

留 言

聽了這麼多，請問先生，到底應該怎樣治理國家呢？

by 顏淵

用夏代的曆法；像殷代一樣發展交通事業；在文化禮儀上要
按周代方式；在音樂方面用虞舜時代的樂風，比如《韶》
樂，禁絕鄭國的樂曲，因為鄭國的樂曲浮靡不正派；疏遠能
言善辯的人，因為佞人太危險了。

by 孔丘

具備「上德」的人不表現為外在的有德，因此實際上是有
「德」；具備「下德」的人表現為外在的不離失「道」，因
此實際是沒有「德」的。「上德」之人順應自然無心作為，
「下德」之人順應自然而有心作為。上仁之人要有所作為
卻沒有回應他，於是就揚著胳膊強引別人。所以，失去了
「道」而後才有「德」，失去了「德」而後才有「仁」，失
去了「仁」而後才有「義」，失去了義而後才有禮。「禮」
這個東西，是忠信不足的產物，而且是禍亂的開端。所謂
「先知」，不過是「道」的虛華，由此愚昧開始產生。所以

大丈夫立身敦厚，不居於淺薄；存心樸實，不居於虛華。所以要捨棄淺薄虛華而採取樸實敦厚。

（上德不德，是以有德；下德不失德，是以無德。上德無為而無以為；下德無為而有以為。上仁為之而無以為；上義為之而有以為。上禮為之而莫之應，則攘臂而扔之。故失道而後德，失德而後仁，失仁而後義，失義而後禮。夫禮者，忠信之薄，而亂之首。前識者，道之華，而愚之始。是以大丈夫處其厚，不居其薄；處其實，不居其華。故去彼取此。）

by 李耳

發表你的留言

NAME：

E-mail：

內容：

發表

己丑年九月　天氣 　今日心情

武力取得不了人心

> 君子疾夫舍曰欲之而必為之辭。丘也聞有國有家者，不
> 患寡而患不均，不患貧而患不安。蓋均無貧，和無寡，
> 安無傾。夫如是，故遠人不服，則修文德以來之。既來
> 之，則安之。　　　　　　　　　　　《論語·季氏篇》

　　冉有、子路下午來見我的時候，我正在讀書。這兩個弟
子都在季家當家臣，很少一起來，今天竟然一起過來，肯定
有什麼大事。果然，閒聊了幾句之後他們就直奔主題，說：
「季氏將討伐於顓臾。」什麼「討伐」？完全是霸道！我與
季氏沒什麼來往，看他們二人今天這樣慌張，想必是將有刀
兵之禍。

　　我問冉有：「從前周天子讓顓臾主持東蒙祭祀，而且顓
臾之地自然而然是魯國的藩屬啊，為什麼要討伐它呢？季家
三兄弟將政權、軍權、經濟權都掌握在手裡，雖然還不敢犯
上作亂奪取政權，但魯國國君已經是他們的傀儡。顓臾是先
王所封的，是東蒙山之主，雖然實力衰弱，在政治與軍事上
不能與魯國相提並論，去討伐它有何道理？」

193 ▶

　　冉有聽完我的話，急忙解釋說：「季孫大夫想去攻打，我們兩個人都不同意。」

　　對於冉有的這種托詞，我是早有準備的。在我看來，作為家臣就應該負起自己的責任，不能有絲毫的推諉。因此還沒等他解釋完，我就立刻打斷他：「周任有句話說：『盡自己的力量去負擔你的職務，實在做不好就辭職。』有了危險不去扶助，跌倒了不拉一把，那還要輔佐的人做什麼呢？就別辯解啦。」

　　冉有被我一反詰，沒辦法，終於講出了真話：「顓臾城牆堅固，而且離費邑很近。現在不把它奪過來，將來一定會成為心頭之患。」從這話我就知道，冉有肯定參與了季氏的機要會議，為攻打顓臾出謀劃策了，不然不會說得這樣頭頭是道。剛才拿季氏出來搪塞，不過是個藉口罷了，可以說在這件不仁不義之事上，他們雙方有著共識。

　　我看冉有說了實話，乘勝追擊，說：「君子痛恨那種口頭上不承認又一定要找藉口來辯解的作法。不但人品上不道德，政治立場上也不道德。我聽說諸侯和大夫們，不怕國家貧窮而怕財富不均，不怕人口少而怕不安定。因為財富分配公平合理也就沒有了貧富的強烈對比感；上下和睦自然有人來歸附，就不會感到人少；社會安定了國家也就沒有傾覆的危險了。這樣做了，遠地的人還不來歸服，就修治仁、義、

禮、樂招徠他們；如果他們已經來了，就讓他們安心住下去。用武力去征服人家這樣的『歸順』算什麼呢？」

兩個人聽完我的話，臉色都很難看，一副慚愧的樣子。說實話，作為老師，我算不上一個面色嚴厲的人，但是當我明顯感到不平時，他們一定對我的憤怒深深地懼怕。

季氏家族的行為準則無法使人認同，國內的政治環境由此一塌糊塗，兄弟之間爭名奪利。現在又想燃起戰火轉移國內矛盾，在我看來這是非常無恥的，也是非常危險的。要知道，如今季家最大的煩惱、憂慮並不在顓臾這個邊區的小附庸國，而是在蕭牆之內，在季家自己兄弟之間。

事實上，我認為諸侯之間的矛盾並非一定要訴諸武力，各國之間以禮相待才是根本。自周立天下，禮樂就是國之本策，是促成和平的根本手段，武力背後如果只有赤裸裸殺戮和利益之外沒有別的東西就太可怕了。這一次季氏打算進攻顓臾，無非就是想轉移注意力，扭轉國內緊張局勢，其用心之險惡實在令人髮指。

在我看來，魯國變成現在這個樣子，轉嫁矛盾只能暫時緩解，不能扭轉大局。良好的內部政治環境的重置才是根本所在。如今執權大權旁落權臣之手已經很長時間了，這對於一個國家來說本來就是災難。不光讓人民無視於君主的威

嚴，也讓臣子失去了仁義之約束。假如要想真正撥亂反正，就必須恢復禮樂，實行仁政。作為我的弟子，冉有、季路本來應該為此不懈努力，可如今他們卻成了人之鷹犬，這真是讓我感到難過！

分類：既來之，則安之 ｜ 人氣（65766）｜ 留言（6）

留言

原來孔先生與我一樣，也是歷史決定論者啊，只不過我是向前看，你是向後看。軸心時代的思想家都是往後看，而我們這個時代的思想家都是往前看。往後看的是悲觀主義者，往前看的是樂觀主義者。一種文化進入悲觀時代就會往後看，試圖復辟，但復辟的想法終究會被歷史的車輪碾得粉碎。

by 馬克思

所以軸心時代產生的文化都是「鄉愁文化」，所有的努力都是懷著鄉愁的衝動四處尋找家園。所以都要向後看向後努力，而不是相反，「未來主義」在所有文化中都是罕見的。

by 海德格爾[1]

沒錯，包括我建立佛教的叢林制度，不是故意要標新立異，
而是努力保持部落制的生活。時代變遷之後，只有寺廟還有
一點部落制的痕跡。

by 釋迦牟尼

我們道家中，老子是努力返回遠古的小國寡民，當然那是不
可能的。而我是努力返回沒有社會的遠古，人類以個體的方
式存在，沒有社會，沒有禮制，自自然然地做一個自由人。

by 莊周

樓上們說得都沒錯，所以以色列人數千年保存自己的文化，
並在分散千年後重建了自己的國家。而我們宗教的努力，也
是從精神上返回「伊甸園」的文明原初的生活。

by 門徒

歷史總是充滿了悖論：我們越往後努力，我們努力時使用的
「手段」卻把時代不斷地推向未來，推向我們所陌生的未
來。也許我們不應該在本體論上下工夫，而應該多關注方法

論。唉，人類走上的是一條不歸路啊！

by **儒家後學**

訪客小檔案

① **海德格爾**（1889—1976），德國哲學家，在現象學、存在主義、解構主義、詮釋學、後現代主義、政治理論、心理學及神學有舉足輕重的影響。

發表你的留言

NAME：

E-mail：

內容：

發　表

己丑年九月　天氣 ☀　今日心情 ☺

給青年人講講人生

益者三友，損者三友。友直，友諒，友多聞，益矣。

《論語‧季氏篇》

　　今天，不講抽象的大道理了，談談具體的人生處世經驗。作為教師，作為長者，為後輩青年提出人生道路上的警示和告誡是一種責任。如果整天只傳知識和大道哲言，對於學生們的成長是失職，因為他們將來遇到問題時就會彷徨，吃了虧走了彎路會埋怨我當初沒有教給他們。

　　人一生會經歷很多，有益的朋友有三種，有害的朋友也有三種。正直的朋友、誠懇寬容的朋友、博學多聞的朋友，這些是益友。與他們交往可以大大提高自己的知識，增進自己的品德，發現自己的錯誤並改正。有害的朋友是哪三種呢？虛偽做作的人不好相處，因為他精通禮儀，卻毫不真誠，你弄不清他的真實想法；有的人善於揣測他人，利用你的心理說好聽的話，跟這樣的人交朋友，可能很舒服如坐雲端，但是諂媚的言辭背後往往隱藏著別有用心。你說這樣的朋友能是忠誠、踏實的嗎？還有一種更壞的情況，交上了逢

199 ▶

迎拍馬，做壞事的朋友。這樣的人表裡不一，口蜜腹劍，為了利益專門出賣人。這三種人是損友，與他們交往無益而有害。當然，除了朋友之間有這六種之外，上下級之間，同事之間，難道不也存在類似關係嗎？

人生追求快樂，對人有益的快樂有三種，這三種都建立在高尚的品行之上。品行高尚的人的快樂也是高層次的。第一種快樂是學習禮樂之法並付諸自身的生活；第二種快樂是稱道別人的好處，成人之美；第三種快樂是結交許多賢友，賢友不但使自己在學識人品上多受一些好的影響，困難的時候會得到更多有力的幫助。

有害的快樂也有三種。第一種是奢侈放縱時的傲慢得意，例如紙醉金迷；第二種是遊手好閒地晃來晃去，不做正事；第三種是喜歡大吃大喝滿足口腹之欲。這三種快樂對人沒有促進，沉溺在這三種快樂中的人必不成大器，最終渾渾噩噩。當然，放鬆閒適一下是可以的，但決不能沉溺到上述快樂之中。

陪伴有道德又有地位的君子時，一般來說容易犯三種過失：第一種是君子還沒說到這裡的時候便搶話頭或插話，這是急躁；第二種是該自己講話的時候因為怕負責任，膽小不敢講，這叫隱瞞；第三種是不看對方臉色貿然開口，比如君子快樂的時候你講不開心的事，君子討厭的人或事你大加讚

賞，這像瞎子一樣，可以說是有眼無珠。

在人生的三個年齡階段，君子有三種事情應該警惕。在年少的時候身體還不成熟，要戒除對色的迷戀，否則會傷害血氣。到了壯年，精力旺盛，血氣方剛，要避免與人爭鬥，爭強好勝使人衝動，容易招至禍端。到了老年，血氣已經衰弱了，要戒除貪得無厭，不管是在錢財還是地位名聲，該放棄的要放手，否則大大影響人的健康與心態。

君子應該有三種敬畏之心。第一種是敬畏天命。什麼是天命，每個人有不同看法，前面我講過一些，這裡就不重複了。這裡要強調的是對於王命，既要積極樂觀，也要順勢而為。盲目抗爭，強調個人意志，欲罷不能，是很危險的。既可能遭到自然的報復，也可能犯眾怒，所謂天怨人怒。第二種是敬畏大人，也即是身處高位的君、臣、諸侯等人。高即為尊，低即為卑。等級是客觀存在的。第三種是敬畏聖人之言，什麼是聖人呢？簡單地說就是方圓千百里被廣泛尊崇的教授弟子門徒的賢人。只有小人才無知無畏，不懂得敬畏天命、大人與聖言。

人在資質上也有四等。生來就知道的人，是最上等的；經過學習以後才知道的，是次一等的；遇到困難再去學習的，是又次一等的；遇到困難還不學習的人，這就是那些沒有知識文化的老百姓，只能是下等人。我想，生來就知道的

人是天才，很少見到，學習因此決定了人的層次和等級。我是推崇貴族的，但也提倡學習改變人生，對那些還在蒙昧中的人就根本沒有用處了。

分類：益者三友 ｜ 人氣（77319）｜ 留言（4）

留 言

幾度見詩詩盡好，及觀標格更於詩。平生不解藏人善，到處逢人說項斯。我的「說項」就是孔先生所說的三種快樂的第二種，不是嗎？

by 楊敬之[①]

大智慧者，一般與宗教有兩種關係：或者因為信了宗教所以獲得智慧，比如南懷瑾先生、比如六祖慧能等等，或者是因為太有智慧，不能承受沒有信仰的失重感，於是皈依了宗教，比如印度精神領袖奧修；或者到了人生暮年完全改變世界觀相信了宗教，比如物理學家愛因斯坦。這都算是天命嗎？天命看來是比宗教還宏大的東西。

by 路人甲

知識與幸福是矛盾的，民眾知道太多就不會幸福，讓民眾有知識不如讓他們幸福。並不是每個人都能做到有知的幸福，那需要太高的修養，無知的幸福更容易做到。所以這也是我提倡消極自由的原因，在我的研究結果中，歷史上虛偽的積極自由造成的危害遠遠超過虛偽的消極自由的危害。所以孔先生在此處才會講做人而不是教大家知識。有關「三」可以講許多知識，但孔先生不講，他講做人。

by 以賽亞·伯林

如果找不到奉行中庸之道的人可以往來，怎麼辦呢？不可能不與人往來吧，不可能一株樹上吊死吧，我會選擇狂放和狷介的人往來。這兩種人雖然平時比較不合常規，惹麻煩，讓人看了不順眼，但狂者進取，狷者必定有所不為，等真正要辦事的時候，往往會是這兩種人挺身而出。做到老師說的這些，就不會有狂者也不會有狷者了。

by 子貢

訪客小檔案

① **楊敬之**，字茂孝，弘農人，大曆詩人楊凌的兒子，生卒年
不詳。唐憲宗元和初年考中進士，曾任屯田、戶部郎中。
不久，貶連州刺史。唐文宗時官至國子祭酒。他和李涉、
姚合是詩友。

發表你的留言

NAME：

E-mail：

內容：

發　表

己丑年十月　天氣 ☁　今日心情 ☺

人生，勿忘思索

> 君子有九思：視思明，聽思聰，色思溫，貌思恭，言思
> 忠，事思敬，疑思問，忿思難，見得思義。
>
> 《論語・季氏篇》

　　人生在於思考。無論是學習，還是實踐與體會，人生
像一堂無止境的課，沒有現成的書本讓人能按圖索驥。而思
考，讓這堂課教學相長，更為精彩。但是思和學的關係是不
可偏廢的，我曾經說，「學而不思則罔，思而不學則殆」，
強調學習和思考相互促進的關係。也說過「見賢思齊焉，見
不賢而內自省也」，強調自身與他人對比的作用，用你們的
話說就是別人是自己最好的鏡子，這種對比也是一種很好的
思考方式。「終日不食，終夜不寢，以思，無益，不如學
也」卻是強調思與學相比，學是基礎，沒有學問的充實積
累，思考就變成了無源之水，沉迷於空想不會有所獲。我十
分欣賞季文子說的「三思而後行」，如果能夠這樣去付諸行
動，善莫大焉。

　　前面講到了人生經驗的問題，今天我想從方法論的角度

談一談，作為君子在不同的情況下，應該考慮的問題。

在我看來君子有九種要思考的細節：

1. 看的時候，要考慮看明白沒有，當然這個看不僅僅是用眼睛看，而是指用心「看」，也就是觀察。

2. 聽的時候，要考慮是否聽清楚了。言說與傾聽中，傾聽更重要。聽是學習的主要途徑之一。從某種程度上說，傾聽應該是為了言說而做準備，傾聽既是前提也是一種美德。

3. 要考慮自己與他人相處時的臉色是否溫和，這樣才不讓人不安甚至遠離自己。

4. 要考慮容貌是否謙恭和端莊，不讓別人小看或非議。

5. 言談的時候，要考慮態度是否忠誠老實。

6. 做事要考慮是否嚴肅認真。

7. 遇到疑問，要思考怎樣向別人請教。

8. 想發怒時，要思考後果是否嚴重，帶來不利影響。

9. 獲取利益時，要思考是否合乎道義的準則。

人生在世有了這九種思考，那麼處世之道也基本上掌握了，在社會上就能立足，不會被現象所迷惑，但也不會做不明智的事。

分類：君子九思 ｜ 人氣（68966）｜ 留言（3）

留 言

孔子的意思其實還是三思而後行。

by **朱熹**

凡事都如此前思後想，居於世上只見人情世故，是為小中之小。

by **道家後學**

樓上錯了，小與大，原本就是統一的，積小為大，沒有如此和諧之小，也沒有你那廣闊的大。

by **儒家子弟**

己丑年十月　天氣 ☀　今日心情 🙂

只有走出來才能改變世界

孔子曰：「『見善如不及，見不善如探湯。』吾見其人矣，吾聞其語矣。『隱居以求其志，行義以達其道。』吾聞其語矣，未見其人也。」　　《論語·季氏篇》

　　如今的世界戰亂頻頻，然而雖是亂世卻並不缺乏智者。這些人都擁有非凡的智慧，能明辨是非。其中，一種就像我這樣，置身於塵世之中，希望能以己之力，改惡向善。這些人看見善的東西，努力追求，好像怕趕不上似的。另一種則寧願隱居鄉野，不問世事，唯恐被惡習沾惹，壞了自己的修行。他們遇見邪惡的東西，使勁避開，好像將手伸到沸騰的水裡一樣。這樣的人我見過不少，也聽過不少類似這樣的話。除此之外，還有一種人，他們聲稱隱居起來是為了持守自己的志向，出來做官是為了貫徹自己的主張，相比前二種人，這樣的人顯得冠冕堂皇了很多。可惜呀，我聽過有人這樣標榜，但至今沒發現誰能真正做到。

　　事實上，在我看來，既不願意為社會的改變貢獻力量，同時又希望社會走上正軌，這是很難的。天下的興盛要靠眾

人同心努力，如果都要置身事外，還裝出一副高深莫測的樣子，那就真沒什麼意思了。而比這種更過分的是有些人本來就從沒斷了追求榮華富貴之心，可表面上卻做出一副清心寡欲的樣子來。

想當年，齊景公本是貴族，是人人羨慕的諸侯王，有許多財產，光是好馬就有幾千匹，可以說富貴齊天，但又如何？死後沒人懷念與稱頌他。而伯夷、叔齊兩兄弟連君位都相互謙讓，最後餓死在首陽山，可直到現在大家都還在稱頌他們，真是萬古留名呀！這才是「隱居以求其志，行義以達其道」。如果達不到伯夷、叔齊的境界，還是積極一些吧，只有走出來，才能為改變世界做點什麼。

分類：見善如不及 | 人氣（69283） | 留言（6）

留 言

年老心閒無外事，麻衣草履亦容身。相逢盡道休官好，林下何曾見一人。

by **靈徹**[1]

其實儒家也並不完全是反對道家的，比如他們一直贊同那些
著名的隱士。

by **陶弘景**②

樓上的錯了，儒家讚美的不是隱士，而是「士」。因為道
德高尚而「隱」，也就是讚美高尚的道德，而不是讚美
「隱」。在儒家的文化核心中是沒有「天」這個概念的，所
以他們是不會讚美隱士的。

by **莊周**

儒家也有隱居行為，不過那是做官的「終南捷徑」。

by **胡說**

還是老杜的詩：千秋萬歲名，寂寞身後事。只要我在世時吃
好穿好玩好，再治理好國家，管它後世對我是褒是貶還是不
褒不貶，活著時總考慮這事也太累了。再說，我生於大富貴
之家又不是我的錯，「富貴」不是我的原罪。我們這個時代
「富貴」成為原罪，就在於大家都有仇富心理，就連孔丘也
不例外。

by **齊景公**

沒錯，大動盪大變化大轉折的時代裡，富與貴都會成為原罪，有知識也會成為原罪。反智主義一直在歷史上陰魂不散。這就是這個國家的悲哀。

by **鄭板橋**③

訪客小檔案

① **靈徹**，唐代詩僧。

② **陶弘景**（456—536），字通明，自號華陽隱士，卒諡貞白先生。南朝南齊南梁時期道教思想家、醫學家。

③ **鄭板橋**（1693—1765），名鄭燮，號板橋。江蘇興化人。清代著名書畫家、金石家、詩人。

己丑年十一月　天氣 ☀　今日心情 ☹

論後天修養的重要性

> 子之武城，聞弦歌之聲。夫子莞爾而笑曰：「割雞焉用牛刀？」子游對曰：「昔者偃也聞諸夫子曰：『君子學道則愛人，小人學道則易使也。』」子曰：「二三子！偃之言是也。前言戲之耳。」
> 　　　　　　　　　　　　　　　　《論語・陽貨篇》

　　今天我們先來說說陽貨。陽貨也叫陽虎，是季大夫的家臣。他可是操縱魯國大權的人。長得與我很像，十幾年前在陳蔡之間我與學生們被人包圍，就因為那些人把我錯認為陽貨，讓我當了替罪羊。而事實上，我和陽貨根本不是一路人，陽貨是個可惡的政客，我一向不愛理他，不屑與這種人為伍，是他一直想拉攏我。因此曾送我一隻烹飪好的小豬。後來，我打聽到他不在時，想去一下他府上報個到，算是交待。

　　可偏偏在路上碰見這個傢伙了！他滿不在乎地朝我招手道：「我有話要跟你講。」

　　很明顯，陽貨是想找我的麻煩。他一上來就問：「把自己的本領藏起來而眼看國家混亂，這能說是『仁』嗎？」

我不吭聲。他自己說：「不能！」

陽貨又說：「一個人有思想、是個大才，做事也很有一套，喜好參政議政，但此人每每失去做事的機會，甚至機會找上門來他都不要，你倒說說看，這個人算是有智慧嗎？」

我仍然不吭聲。他又自己回答：「不算！」

「唉，」陽貨歎了口氣，裝出痛心疾首的樣子，「日月不停地在運轉，時間不等人呀；人一天天走向衰老，等老了想再為國家做事，那時精力也都沒有了！」

我實在聽不下去，於是應付道：「那好吧，我出來做官吧。」

話雖如此，但最後我終究沒有出來做官，因為陽貨的話是不可信的。

這世界上只有兩種人不會輕易改變自己。一種人是智者，有自己的原則和主張，知道人世變遷的道理。還有一種就是愚人，他們對社會的變化不聞不問，故步自封。我不會做那種愚人的。不管陽貨認為我是智者還是愚人。

陽貨和我的種種關聯，其實也給了我很大的啟示。人生下來時本性都是很接近的，差別不大，只是後天的生活環境不同，接觸的人不同，學習的東西不同，於是人生道路與道

德取向也就千差萬別了。我與陽貨相貌都很相似呢，卻走到了兩個極端去。我們的理想不在一個層面上，道德也不在一個水準上，我怎麼能為他去做官呢？

今天我與幾個學生去武城看子游，結果聽到他在用高雅的音樂教育武城的俗夫百姓。我一聽就樂了，說：「殺雞用得著牛刀嗎？」子游一聽，面色嚴肅地對我說：「老師您曾經說過，上等人學習了禮樂，會去愛別人；而普通老百姓學了禮樂，自己的修養提高了，便於管理。我現在不正是在遵守您的教導嗎？」

子游的這番話把我給噎住了，也讓我認識到了自己對百姓的看法是不應該這樣表露的，「殺雞不用牛刀」這種說法有些高高在上瞧不起人的味道。畢竟只要能讓蒙昧的人們懂得仁義道德，那麼我們是值得付出的。

因此，我想我該收回我剛才說過的話，便說道：「同學們，言偃說得對，我剛才不過是開玩笑。」

分類：割雞焉用牛刀 ｜ 人氣（72934） ｜ 留言（3）

留 言

陽虎，又名陽貨，春秋魯人。陽虎的生卒之年無從考定，僅

知他與孔子是同時代，且年齡略長於孔子。作為季氏的家臣，陽虎一度掌握魯國的實權。他長得挺像孔子，欺侮過孔子，後來又想召孔子作官。他在魯終於失勢，先跑到齊，後又奔晉投趙簡子。

by 注解狂人

陽虎與孔子兩人長得極像。孔子生而首上圩項、長九尺又六寸，由此可知陽虎的長相。

by 司馬遷

在老師這裡，君子與小人是一對矛盾關係。君子是普通人做人的最高修養境界，普通人做到君子就不錯了，再往上一步就是聖人。而小人則是做人的最差境界。老師如果說一個人是君子，那就是很高的表揚了。所以老師這樣的聖人有時也會犯輕視普通民眾的錯誤。

by 曾參

215

己丑年十二月　天氣 ☁🌧　今日心情 ☹

從喪禮之爭論君子所惡

宰我問：「三年之喪，期已久矣。君子三年不為禮，禮必壞；三年不為樂，樂必崩。舊穀既沒，新穀既升，鑽燧改火，期可已矣。」子曰：「食夫稻，衣夫錦，於女安乎？」曰：「安。」「女安則為之。夫君子之居喪，食旨不甘，聞樂不樂，居處不安，故不為也。今女安，則為之！」宰我出，子曰：「予之不仁也！子生三年，然後免於父母之懷，夫三年之喪，天下之通喪也。予也有三年之愛於其父母乎？」　　《論語·陽貨篇》

　　上午有一個叫孺悲的人來找我，我一聽是不認識的小青年，就讓學生擋駕，說我病了不能見客。孺悲是魯哀公的人，哀公派他來向我學習喪理。

　　孺悲沒見到我，就被送出門了。等他剛一出門，我就在房間裡拿起瑟來彈，還高聲唱歌，故意讓孺悲聽見。

　　我為何要這樣做呢？是我擺架子嗎？不是。在教育上，我認為可以有「無言之教」，不一定什麼都要親自示範親口言說，我的這一舉動是在教他懂禮節，應該托人介紹之後再來，才合禮數。不知道他是否理解了我的用意。

　　孺悲前腳才走，宰我就來了。這個傢伙問我：「父母去世，子女服喪三年，這時間也太長了吧！君子三年不講究禮，禮必然敗壞；三年不演奏音樂，音樂就會失傳。舊穀子已經吃完，新的又碾好了，鑽木取火的木頭也都輪換了一遍，所以我看守喪一年就夠了！」

　　我回答他：「才一年的時間，你就吃開了白米飯，穿起了錦緞衣，又是唱歌又是跳舞，你覺得心安嗎？」

　　宰我說：「我心安。」

　　我憤怒地說：「你要覺得心安，你就那麼做吧！君子守喪，吃美味不覺得香甜，聽音樂不覺得快樂，住在家裡不覺得舒服，所以不那麼做。如今你覺得心安，你就那麼做吧！」

　　宰我出去後，我忍不住對學生們說：「宰我真是沒良心！小孩兒生下來到三歲時才能離開父母的懷抱，服喪三年這是天下人都遵守的喪禮。難道宰我從沒有在他的父母懷抱中得到三年的愛撫嗎？不說孝不孝，至少愛的回報是要有的吧，這才公平。」可是罵歸罵，宰我的話讓我不由深深地為後世的孝道擔憂。

　　上午被宰我氣了一通，本來以為一天都不會有什麼好心情，下午子貢跑來和我聊天，與宰我相比，他在人品上就高

出很多。

他先是問我，君子是否也崇尚勇敢？事實上，在我看來，君子認為義是最高尚的，君子如果有勇而無義就會犯上作亂，小人如果有勇而無義就會成為強盜。

接著子貢又問我：「有修養的君子也有厭惡的事嗎？」

我回答說：「有。他們厭惡宣揚別人缺點的人，厭惡身居下位而誹謗在上者的人，厭惡勇敢而不懂禮節的人，厭惡固執而又不通事理的人。」我接著問他：「你有厭惡的事嗎？」

子貢回答：「我厭惡抄襲別人成果卻以為自己很聰明的人，厭惡不謙遜卻自以為勇敢的人，厭惡攻擊別人短處卻自以為正直的人，厭惡揭發別人的隱私而自以為直率的人。」

從子貢的回答來看，他算是一個君子，而上午宰我的話使他看上去如同一個小人。在我的心中，這個世界上，只有女人和小人最難相處：親近他們，他們就會無禮；疏遠他們，他們就會抱怨。像那些不自知的小人，活到四十歲的時候還被人所厭惡，他這一生也就沒有希望了。

分類：三年之喪 | 人氣（65714） | 留言（4）

留言

佛教在中國演化為禪宗，講究機鋒、契機，實際上就是儒家
與佛家的融合，儒家化了的佛教。所以禪宗的棒也罷喝也
罷，都可以追溯到孔聖人的時代去。孔聖人與孺悲的故事不
就是一則很有意思的「公案」嗎？

by **野狐禪**

樓上的把孔聖人想得太複雜了，依我看來，孺悲可能有哪一
點為孔聖人看不慣，所以孔聖人不願意見他，還明白地表示
討厭他，看不起他，所以等他出門的時候，故意唱起歌來，
到底是什麼令聖人反感，就不得而知了。

by **朱熹**

有個關於我的故事與孔老師說的非常像，不過結局就不像你
們想像的那樣美好了。

有一天我去拜訪嵇康，他仁兄正在打鐵，我到了他也不肯停
下來招呼，理都不理我，只顧掄錘叮叮噹噹地打鐵。我站了
很久他也不曾停下來，只好轉身離去。就在我離開的時候，

他仁兄不打鐵了，停下來問我：「何所聞而來，何所見而去？」我回過頭去毫不含糊地回答他：「聞所聞而來，見所見而去。」

這個故事很像你們所說的禪宗公案吧，也有點孔老師與孺悲的故事吧？呵呵，先別得意。我後來逮著個機會，在司馬昭面前說了一通他仁兄的壞話，司馬昭將他捉來殺頭，太學生三千人聯名上書也沒能救回他的小命，最後在洛陽東市彈了一曲《廣陵散》，曲終而亡，年僅三十九歲。

by 鍾會[2]

我平生最討厭兩句話，其一是女子無才便是德，其二便是唯女子與小人難養也。

by 武則天

訪客小檔案

① **野狐禪**，在禪宗中，流入邪僻、未悟而妄稱開悟，禪家一概斥之為「野狐禪」。後來泛指各種歪門邪道。

② **鍾會**，生於黃初六年（ 225），卒於景元五年（264）。

字士季，潁川郡長社（今河南長葛）人。魏國太傅鍾繇之子。

發表你的留言

NAME：

E-mail：

內容：

發　表

庚寅年一月　天氣 ☀　今日心情 😐

建功立業與避禍隱居

> 逸民：伯夷、叔齊、虞仲、夷逸、朱張、柳下惠、少連。子曰：「不降其志，不辱其身，伯夷、叔齊與？」謂：「柳下惠、少連，降志辱身矣，言中倫，行中慮，其斯而已矣。」謂：「虞仲、夷逸，隱居放言，身中清，廢中權。」「我則異於是，無可無不可。」
>
> 《論語‧微子篇》

眾所周知，商紂是個殘暴的君王，不過殷商時代有三個仁人，哪三個呢？

第一個是微子。他給商紂許多好的建議，但紂不聽，把微子廢掉。不過微子保住了宗廟祭祀，後代在封地「宋」得以保全。

第二個是箕子。箕子是紂王的叔父，他去勸紂王，結果紂王也不聽，於是他便披髮裝瘋，被降為奴隸。但箕子並沒有死掉，據說，他傳播殷商的文化由遼東渡海到高麗去，成為開創者。

第三個是比干。比較悲哀的是，他慘遭紂迫害，被剖心

而殺。

這三個人都是殷商時代的忠臣，只是倒楣遇到一個這樣暴虐的君主。他們對後世的文化貢獻很大，令人懷念。

與以上三位仁人的經歷有些類似的是如今的柳下惠。他於朝中做士師，也就是管刑法的官員，三次上台又三次被迫下台，最終隱逸鄉間。別人對他說：「你何必一定要在魯國做事，不如離開去別的國家。」但柳下惠回答說：「如果我按照正直的做法事奉君主，那麼到哪個國家去不會被多次革職呢？如果我不按照正直的做法事奉君主，那麼又何必遠離父母離開祖國呢？」

事實上，以柳下惠的回答而論，我們首先可能會感到作為忠臣的悲哀，作為君子的不易。而自古至今與柳下惠一樣隱逸鄉間的人還有伯夷、叔齊、虞仲、夷逸、朱張、少連。伯夷、叔齊是連國君也不願做，隱於首陽山最後餓死，可謂不放棄自己的意志，也不屈辱自己的身份；至於柳下惠和少連，雖然被迫放棄自己的意志，屈辱自己的身份，但說話合乎倫理，行為合乎理智。虞仲、夷逸則過著隱居的生活，說話無顧忌，能潔身自愛，離開官位合乎權宜。

而我卻同這些人不同，可以不這樣做，也不一定不這樣做。當時代不需要我的時候我就安心教幾個學生，當時代需

要我的時候我就站出來參政議政。

分類：無可無不可 ┃ 人氣（61648） ┃ 留言（5）

留　言

吾人行為之標準，至少一部分在內而非在外的，是活的而非死的，是可變的而非固定的。

by 馮友蘭

在所有宗教與學派中，總會推出一些作為榜樣的人物，作為後來者學習與模仿的對象，當然，這些人物必然完全或大多數符合教派、學派的道德要求。可以說沒有榜樣人物就不會有教派或學派，學問只是一方面，更重要的是榜樣的力量。

by 西方聖徒

學問只是從理論上說服人，要靠人格的力量去感化人——沒有人格力量就不會有宗教。所以，宗教必然要有一個人格神，這個人格神就是保證宗教凝聚力的基礎。

by 忠實門徒

這些人物突出了悲劇的力量，他們都是儒家的典範人物。儒家基本是一種悲劇文化──對周文化的嚮往與不可企及。而道家文化是一種喜劇文化──莊子中的那些寓言都充滿了喜劇色彩。也可以說道家是日神的，儒家是酒神的。就像酒神文化在全世界是主流文化一樣，儒家文化在中國也是主流文化，它的悲劇與蒼涼色彩決定了這一點。

by 路人甲

不出門戶，就能夠推知天下的事理；不望窗外，就可以認識日月星辰運行的自然規律。他向外走得越遠，他所理解得就越少。所以，有道的聖人不走卻能夠推知事理，不看而能明瞭「天道」，不動而可以有所成就。

（不出戶，知天下；不窺牖，見天道。其出彌遠，其知彌少。是以聖人不行而知，不見而明，不為而成。）

by 李耳

庚寅年一月　天氣 ☁　今日心情 ☺

三遇隱士

> 不仕無義。長幼之節，不可廢也；君臣之義，如之何其
> 廢之？欲潔其身，而亂大倫。君子之仕也，行其義也。
> 道之不行，已知之矣。　　　　　　　　《論語·微子篇》

　　在我的一生中，遇到過幾次出世的高人，每一次遇到他
們我都「甘拜下風」，一來他們的境界太高了，二來我們的
道路選擇完全不同。

　　有一次，我坐在馬車上於漫漫長途間輾轉奔波，恰好碰
上楚國有名的狂人接輿。他一邊走一邊唱道：「鳳兮鳳兮！
何德之衰？往者不可諫，來者猶可追。已而已而！今之從政
者殆而！」

　　這首歌說白了意思是：「鳳啊鳳啊，你的德行為什麼衰
敗了呢？過去的不可挽回，未來的還能補救。罷了，罷了，
現在當政的那些人太危險了！」我聽完趕緊下車想向他請
教，誰知他匆匆走了，可能有意避開我。

　　接輿唱這首歌並非偶然，他是想告訴我如今的社會混亂
不堪，像我這樣整日裡拋頭露面、四處奔波其實是冒很大風

險的。不過對於他的顧慮，我並不怕。在我看來，正因為世事大亂，才需要站出來四處奔走，做些事情。

　　除了接輿之外，我還在田間碰見過長沮和桀溺兩位隱士。當時我恰好要渡河，遠遠看見他們兩位，便讓子路去打聽渡口在哪裡。長沮問子路：「那個拿著韁繩的是誰？」子路說：「是孔丘。」長沮說；「是魯國的孔丘嗎？」子路說：「是的。」長沮說：「那他早就知道渡口的位置了。」子路再去問桀溺。桀溺說：「你是誰？」子路說：「我是仲由。」桀溺說：「你是魯國孔丘的門徒嗎？」子路說：「是的。」桀溺說：「道德淪喪、永樂崩壞的現象像洪水一般到處都是，你們同誰去改變它呢？你與其跟著孔丘那樣逃避壞人的人，為什麼不跟著我們這些避世隱居的人呢？」說完，仍舊不停地做田裡的農活。

　　子路說給我聽之後，我當時很是失望，只好對他說：「人是不能與飛禽走獸合群共處的，如果不同世上的人待在一起，還與誰待在一起呢？如果天下政治清明，我就不會投身於這場轟轟烈烈的革新中。」

　　第三次直接和這類隱士打交道的人是子路。那一回我和其他弟子走得比較急，子路落在了後面。在追趕我們的途中，他遇到一個老丈，用木杖挑著鋤草的工具。子路問道：「您看到我的老師了嗎？」老丈說：「四肢不勞動，五穀分

不清，哪裡配稱什麼老師！」說完，便把木杖插入土中，去鋤草。子路拱著手恭敬地站在一旁。晚上老丈留子路到他家住宿，殺了雞，做了小米飯給他吃，又叫兩個兒子出來與子路見面。

第二天，子路趕上我們，把事情的經過講給我聽。我猜這又是一位隱士，便叫子路回去再看看他。子路到了那裡，老丈已經走了。

那一次，子路尋訪不遇回來之後頗有感觸，對我說：「我反復思考這件事，還是認為不做官是不對的，不符合義。長幼間的禮節他都認為不能廢棄，君臣間的名分怎麼能廢棄呢？想要潔身隱居，卻破壞了根本的君臣倫常關係。君子做官，為的是實行君臣大義的。至於良好的政治主張行不通，是我們早就知道的，他們說這些並無新意。」

分類：不仕無義 ｜ 人氣（82048）｜ 留言（6）

留言

誰又知道我是真狂假狂？我自己都不知道了。我也不是存心諷刺你，這只是我們道家的傳統，一看到儒家的人嘴就癢癢。

by 接輿①

其實儒家與道家也不是死敵，雖然經常打口水仗，但如果沒有道家，就很難平定天下，如果沒有儒家，就難以治理天下，所以兩家是相輔相成的，不必總是看不順眼。

by 張良②

天下本無事，庸人自擾之──這個「庸人」就是儒家人士。如果要理解什麼叫「無事生非」，看看儒生們就明白了。

by 李耳

關塞極天唯鳥道，江湖滿地一漁翁──孔夫子在他的時代也是行路難！

by 杜甫

之所以要提出道家的這些隱士，並不是為了諷刺孔子，而是一種對比，以道家的避世以襯出儒家的悲壯入世、知其不可為而為之的鐵肩擔道義精神。其實儒家何嘗不明白世道不可

改變，但何以突出他們的悲壯呢？就拿道家來做對比啦。

by 路人甲

老丈批評孔子的真正用意，子路根本沒明白：這是底層苦苦大眾嘲諷聖人高高在上，脫離群眾呢！夫子代表誰的利益啊，還是貴族士大夫階級，下層農民是他蔑視的對象。

by 路人乙

訪客小檔案

① **接輿**，相傳是楚人陸通的字。

② **張良**（？一前186），字子房，戰國時韓國（今河南中部）人，是劉邦的軍師，為其出謀劃策，屢建功業，是東漢的開國元勳。

庚寅年一月　天氣 ☀　今日心情 ☺

觀子張授課有感

士見危致命，見得思義，祭思敬，喪思哀，其可已矣。

《論語·子張篇》

一個人總有衰退的時候，老了，動不了，思想也會停滯、往後倒退，跟不上時代發展的需要，雖然這需要未必就是正確的。所以要退下來，將崗位交給年輕人。人應該追求的是自己的思想與影響要在後世不衰退，那才了不起。

我退休以後，子張接過我手中的教鞭從事教學。他從事教學我比較放心，因為他研究學問比較透，也很認真，學生在他的教誨下不會被耽誤。

前段時間，我閒著無事，便去旁聽了幾節課。

第一節課，子張給學生們講什麼叫做「士」。

我以前給學生們講的是「君子」，現在子張講的是「士」。這兩者是不同的，君子講究的是以天下為己任，並完善自身的學問與道德修養，是仁人、大才、楷模，這是一個道德品格上的概念。而士則不然，通常人的心目中「士」

指的是處事有才能，學術上有獨到見解，或者說是知書識理的人。兩者相比之下，君子講究的是通，而士就偏於專；君子是從自身出發，向內的完善，而士則以社會的需要為起點，向外的擴張。

那麼到底什麼是「士」？子張對學生的解釋是：所謂士，在國家危難的時候能奉獻出自己的生命，有利可得的時候首先考慮這是否合於義理，祭祀時考慮是否做到了恭敬虔誠，服喪時考慮是否悲哀傷痛，能做到這些的人，差不多就算得上「士」了！我覺得子張把「士」拔高了，向「君子」靠近。

第二節課，子張講的是：執守仁德卻不能發揚光大，信守道義卻不夠堅定，這種人有他哪能算多？沒有哪能算少？

按子張的說法，有些人在德行、真理上，雖然抓住了，但不付諸行為，所謂知而不行；或者是也去做，但做起來不認真積極，不心甘情願。而對於「道」呢，雖然相信，但並不忠實地去做，或者懶於去做。由於這種人知行不能合一，所以這種人不能得意，一得意就要忘形忘相，也不能失意，一失意也會忘形忘相。子張的言下之意是，必須要有一個自己的信仰與中心，堅定地守護著它，如此這般，才不會被外物及環境所改變，一直把握自我而不迷失。

這兩節課上完之後，子夏的學生來拜見子張，期間向子張請教什麼是結交朋友之道。

子張反問道：「你的老師是如何告訴你的？」

該學生老老實實地回答：「我們老師說，可以結交的就多往來一些，大家做朋友；對不可以結交的，就遠離他。」

子張聽完之後，對他說：「我所瞭解的，與你老師教給你的可不一樣。在學校裡社會上結交朋友，對於那些有學問的、道德修養好的，你要尊重他們，而對於學問與修養差一些的也不要緊，要包容人家。對精英分子要學習與讚美他們，對差一些的則要去同情鼓勵他們。你想想看，如果我是一個有學問有道德的君子，個個都喜歡我，我對誰不能包容呢？如果我是個什麼都不懂的人，不用我去包容或拒絕，人家早就對我畏而遠之，哪裡還有朋友可交？」

分類：見得思義 | 人氣（66905） | 留言（4）

留言

對於交友這個問題，其實並沒有統一的答案。如果問者是個不辨善惡的學生，子夏的答案是對的；但如果遇到的是有主見的學生，我的答案就是對的。對不同的學生應該給不同的

答案。

by 子張

關於交友我也有話要説。一鄉中如果有優秀人士，就應該和這一鄉的優秀人士交朋友；一國中如果有優秀人士，就應該和這一國的優秀人士交朋友；天下如果有優秀人士，就應該和天下的優秀人士交朋友。如果認為與天下的優秀人士交朋友還不夠，還可以上溯歷史評論古代的人物。吟誦他們的詩，讀他們的著作。但光讀他們的文字還不夠，還應該去瞭解他們的為人，研究他們在那個時代的社會與歷史背景，理解他們為什麼如此所作所為，以及表現出來的言論——這才是同古人交朋友。

by 孟軻

這裡又提出了交友的問題：可見這個問題在每個時代的儒家都是非常注意的。有意思的是，與儒家不定義什麼叫「友」不同，他們直接了當地告訴你如何去交友，交什麼樣的朋友。孔子時代的交友與子張時代的交友、孟子時代的交友，是不同的。

by 路人甲

所有的學派都在不斷發展，這種發展是對價值源與元價值的不斷解釋與定義而推進。但儒家的發展緩慢與越來越狹隘，就與他們對元價值的解釋變動不大有關係，從對交友上我們就可以看出。

by 佛學者

發表你的留言

NAME：

E-mail：

內容：

發　表

庚寅年二月　天氣 ☀　今日心情 ☺

子夏的風格化課堂

雖小道，必有可觀者焉，致遠恐泥，是以君子不為也。
博學而篤志，切問而近思，仁在其中矣。

《論語・子張篇》

　　在我的學生中，子夏沒有辦學校，只是隨便收了些弟子，在教育上他的見識與境界也比不上子張，不過他在文學藝術上比較優秀。今天我去了他家裡，正趕上他在給幾個學生上課，這些學生隔三岔五到他家來學習，有些學生甚至與他生活在一起，有點像我當年帶他們時一樣。

　　子夏的教學方式相當隨意，也不是什麼正規課堂，老師與學生圍坐在一起就聊，聊到哪兒算哪兒。我也席地而坐參與進去，聽學生們提問與子夏的回答。我挺滿意子夏回答學生的提問，也贊同他給學生的一些告誡。

　　因為在座的學生都有特長，有的愛好圖畫，有的愛好烹飪，有的愛好下棋，有的愛好玩彈弓，而子夏本身則愛好文學。所以他告誡學生：雖然這些小的技藝一定有可取之處，但事實上，恐怕會耽誤做真正的大事業，因此君子是不從事這類小把戲的。

按子夏的意思，其實就算是畫畫、篆刻、玩彈弓、烹飪這些雕蟲小技，必定也有值得尊重的地方，可以陶冶情操、訓練手藝，甚至藉以謀生。但是因為它們本身就是「小」的，不可能蘊含著大的目標，所以要眼睛裡只看見這些器用之技，大目標就看不到了，所以這是君子所不為的事。因為這些東西無關乎國家大事，社會、政治，沒法成就大學問大境界。

雖然子夏和他的學生都略顯散漫，整個教學體系也沒有子張那裡嚴謹認真，但在傳道授業上子夏還是做到了散中求精，對學生的要求也並不低，比如，他要求自己的學生每天都要學習新知識，懂得一些原先不知道的，每個月都要復習功課，鞏固已掌握的知識。

除此之外，子夏在教學中強調了仁德思想的體悟。他認為廣泛的學習，專心一意的鑽研，提問與自己的實際密切相關的問題，多思考現實並能推己及人，那麼仁德就在其中了。雖然在與學生的交流中，子夏顯得比較隨和，毫無嚴厲可言，但是這並不代表學生們沒有明確學習的重要性。比如他說，各行各業的工匠要在自己的鋪子裡完成自己的工作，而君子則必須在學習之中完善自己，進而掌握人世間的真理、大道。

為了幫助自己的學生建立正確的人生觀，子夏不光對學習方法有所闡述，同時也在潛移默化中教授著學生做人的道理。比如針對太多人知錯不改的社會現象，子夏告訴學生：

「小人之過也必文！」只有小人才對自己的過錯加以掩飾，而真正的君子必然有錯就改，不斷地修正自己，以接近仁德的終點。

在子夏的眼中，所謂君子必然遠看端莊威嚴，而近看則和藹可親，君子講話的時候，周圍的人必然會感到他的嚴肅認真。這種對君子行為的準確闡述有效地幫助學生建立了正確的人生觀，懂得了君子與小人的不同，善與惡的分別。

由於學生之中很多都會在未來的日子裡走上仕途，成為國家的各級官員，因此在教育的過程中，子夏對於一些執政手段也有著比較精準的講述。他認為君子首先要取信於百姓，然後才能獲得支持、役使他們。否則，百姓會認為施政者是在坑害他們。與此同時，作為國家的官員，還必須率先取得君主的信任，只有這樣才能進行有效的勸諫，否則，無論你說什麼，他都會認為你是在誹謗他。

總而言之，通過觀察我覺得子夏雖然表面嘻嘻哈哈，不那麼嚴謹，但其實做的很不錯，雖然比不上子張，才算另一種教學風格吧。而這一切也和他的為人有關，在他的眼裡，只要大節問題上不出錯，那麼細枝末節也沒必要那麼較真。

分類：博學篤志 ｜ 人氣（67869） ｜ 留言（6）

留言

文過飾非難道不合孔夫子的教導嗎？還記得父親盜羊兒子揭
發的故事嗎？在那個故事中文過飾非是對的，到了這裡小人
就不對了？你怎麼可以有雙重標準！

by **我是小人**

彼一時，此一時，沒有本質的矛盾。

by **孔丘**

從來就沒有真理，只有意見。

by **博爾赫斯**

一犯錯就努力去掩蓋，用第二個錯誤去掩蓋第一個錯誤，再
用第三個錯誤去掩蓋第二個錯誤，如是不斷地錯下去——這
種人太高明啦，最後陷入無限的循環中去……

by **莊子後學**

對一個學派，對一個學派的領袖人物，你不能要求他的理論

從頭到尾都是一致的，那意味著理論的停步，幾乎所有大學者大理論家，後期的理論與前期的都不盡相同，甚至有矛盾的地方，孔子的矛盾就說明了這一點。這種矛盾其實很好，說明理論不是僵化的，而是可以靈活運用的。

by 黑格爾

孔子弟子們的語言與見解顯然不如孔子的多姿多彩。孔子是開創者，而他的弟子們是延伸者。儒家自孔子之後會式微一段時間，直到孟子的崛起。

by 路人甲

發表你的留言

NAME：

E-mail：

內容：

發　表

庚寅年二月　天氣　☁☀　今日心情　☺

兼論教育的兩種目的

> 仕而優則學,學而優則仕。
> 上失其道,民散久矣。如得其情,則哀矜而勿喜。
>
> 　　　　　　　　　　　　　　《論語·子張篇》

在教育這個問題上,子游與子夏的看法是不同的。

子夏曾告訴他的學生說:「只要在道德的大節上不超越界限,出現紕漏,那麼在細枝末節的地方有些出入也是可以的。」

也就是說,在教育這個問題上,子夏的要求並不是那麼嚴格,只要學生不出大問題,他就覺得沒什麼。

對於子夏這種教育方法,子游始終採取保留態度。他甚至認為,如果子夏繼續這麼教育學生的話,那麼他這些弟子的教育品質就很值得懷疑。在他看來,子夏的那些學生,做些灑水掃地和迎來送往的事還湊合,但事實上,這些不過是細小的事務,禮樂這些根本的學問他們卻一點兒沒學到。這種結果怎麼行呢?

　　對於子游的這種異議，子夏則認為大可不必。在他看來，君子的學問，哪些是該先傳授的，哪些是該後傳授的？這就好比草木，它們是有大小類型區別的。的確，君子的學問是不會因探究深層問題而歪曲的，但能夠循序漸進層次分明讓學生完全理解掌握的，恐怕就只有聖人了。

　　也就是說，對於子游的指責，子夏覺得多少有些小題大做，因為有些東西不光他做不到，別的師兄弟也做不到，畢竟大家都不是聖人。

　　其實，在我看來兩人說的並沒有不同，只不過一個是「頓悟派」，一個是「漸悟派」罷了。可是這兩派常常關係不好，比如後世佛教中的禪宗就分頓悟與漸悟，頓悟的慧能與漸悟的神秀，關係就很不好。

　　事實上，在我看來子夏是那種粗中有細的人，表面上不拘小節，但內裡卻堅守著自己的主張，而且對於人間種種也有著比較清醒的認識。比如在做學問與當官員的身份轉換上，他看得就比較清楚。他曾經說過這樣一句話：「仕而優則學，學而優則仕。」也就是說當官當得好，有了空餘時間就要努力學習，才能把工作做得更好。知識多了，見識遠了，工作起來也就得心應手，良性循環，官也會升得更快。而做學問呢？學問好了，智慧出眾，眼界非凡，就可以去從政做官。當然，書都沒讀好的就省省吧，去做官只會害了百

姓，也會最終害了自己。

除了對世事的清醒認識之外，子夏對世間種種虛偽也有所揭露，比如如今有些人一遇喪事，表面上哭天搶地，其實內心裡毫無悲傷。對於這種情形，子夏認為，居喪時只要內心有哀悼之情也就足夠了，否則表面功夫做得再好也沒什麼用處，相反還會讓人覺得虛偽可憎。

對於子夏的這種說法，我是贊同的。不過話說回來，居喪要看對象，情感的真實與強烈是有條件的，這也是人之常情。

雖然我欣賞子張，但我的另一個學生曾參卻對子張有著很深的成見。在他眼裡，子張雖然表面上儀表堂堂，很有學問，但是卻沒有真正做到仁，和他看法相似的還有子游，他也覺得子張雖然教育做得不錯，但本身卻不能接近仁的境界。

子張到底做得怎樣，後人自有公論。曾參提出這個疑問雖然有礙同學感情，但未必立意不好。畢竟和其他弟子相比，曾參有時愛鑽牛角尖，不能活學活用。例如每當談到「孝」的話題時，他總是重複一個老段子，也就是我以前說過的：「孟莊子的孝行有些方面是別人可以做到的，但不更換父親的舊臣，不改變父親的政治措施，別人是難以做到

的！」事實上，我之所以講這個段子，無非就是說孝的最高境界就是「無違」。至於改變是否正確，這是很難說的，假如他父親做的不夠好，改還是有必要的。

不過曾參的腦瓜雖然不是很靈活，但對於「仁」卻也有著很深的理解。有一次孟孫氏任命陽膚做獄官，陽膚去向曾參請教為官之道，曾參告訴他：「如今當政的人不按正道辦事已經很久了，百姓與之離心離德也很久了。你如果發現百姓因為受苦而犯法的話，就應當憐憫他們，不要因為將他們治罪了而沾沾自喜！」從這點來說，曾參、子夏、子游、子張這些人雖然有這樣那樣的不同，但其本質卻還是儘量要求自己做到「以仁為本」！

分類：學而優則仕 ｜ 人氣（79446） ｜ 留言（8）

留 言

士之階級只能做兩種事情，即做官與講學。直到現在，各學校畢業生，無論其學校為農業學校或工業學校，仍只有當教員做官兩條謀生之路；此所謂「仕而優則學，學而優則仕」。孔子是此階級之創立者，至少亦是其發揚光大者。

by 馮友蘭

事情說起來倒簡單，但處理起來有許多關係要平衡。我們儒家永遠只給原則，原則誰不會給？但在實際生活中卻非常複雜。

by 陽膚

鄙視勞動是很不好的，我不認為老師的觀點樣樣對。

by 樊遲

勞動有何不好，我難道就是這樣被浪費了？

by 長沮

是我們浪費了社會，不是社會浪費了我們。

by 微生畝

在做官這個問題上，我想它不是一個問題，因為我們受教育的目的是為做官做準備。學的結果必然是做官，而做官必須要學。

by 子貢

君子雖然要做官，但要取之有道，不能損傷了仁義去求官做，孔子在這一點上就表現得很楷模。從君子到仕，我們儒家的觀念在不斷改變，如果說君子還有一點出世的、更個人化的色彩，那麼仕就是非常入世的、更社會化的身份了，儒家的人格載體君子變為仕，這也說明儒家越來越現實，越來越不由自主地實用化，而不是理想化。

by 孟軻弟子

若不需磨礪心志而自然高潔，不需宣導仁義而自然修身，不需追求功名而天下自然得到治理，不需避居江湖而心境自然閒暇，不需舒活經絡氣血而自然壽延長久，沒有什麼不忘於身外，而又沒有什麼不據於自身。寧寂淡然而且心智從不滯留一方，而世上一切美好的東西都彙聚在他的周圍。這才是像天地一樣的永恆之道，這才是聖人無為的無尚之德。

（若夫不刻意而高，無仁義而修，無功名而治，無江海而閒，不道引而壽，無不忘也，無不有也，澹然無極，而眾美從之。此天地之道，聖人之德也。）

by 莊周

246

庚寅年三月　天氣 ☁　今日心情 ☺

虛名只隨浮雲去

> 君子之過也，如日月之食焉。過也，人皆見之；更也，
> 人皆仰之。
> 夫子之牆數仞，不得其門而入，不見宗廟之美，百官之
> 富。得其門者或寡矣。　　　　　　　《論語‧子張篇》

　　我退休之後，晚年一直是子貢在照料我，沒有他我的晚景一定很淒涼。有了他不但可享受人世的溫暖，還可以進行思想交流，聊聊歷史與現狀。他這個人聰明，有才華，也勤勉，做各行各業的事都有成就。

　　今天聊到紂王，大家都知道他惡名昭昭，所以武王才推翻他，建立了周朝。可是對於這個壞人，子貢卻有自己的想法。他認為紂王肯定是暴虐無道，但未必像傳說的那麼嚴重，然而他背負了最壞的名聲，是什麼原因呢？因為一個領導者如果自身劣跡斑斑，當他讓國家危機四伏時，天下的一切壞事都歸罪到他身上去了。同樣的道理，假如君子身上沾上了汙行，天下一切惡名也會尾追而來。

　　然而凡世上之人，誰能無錯，君子應該如何面對自己的

247 ▶

錯誤呢？

對於這個問題，子貢認為君子犯錯就如日蝕和月蝕一樣。他犯錯，人們都看得見；他改正了過錯，人們都敬仰他。所以說君子不怕有過錯，錯了就堂堂正正地承認，掩飾反而不好，改正了大家不僅會原諒你，還欽佩你。

下午，子貢告訴我一件事。衛國的大夫公孫朝問子貢說：「你老師仲尼的學問是從哪裡學來的？這樣好！」子貢說：「周文王武王的道，也就是傳統的文化並沒有失傳，還留在人們中間。賢能的人可以抓住它的根本，不賢的人只瞭解它的細枝末節。本來文王武王之道就無處不在，我的老師何處不能學，又何必要有固定的老師呢？」

事實上，子貢的回答雖然生硬、驕傲了一些，說的卻也是事實。更重要的他這樣說是出於從心底尊敬我。

記得多年前，有一次叔孫武叔在朝廷上對大夫們說：「子貢比仲尼更賢，更了不起。」子服景伯回來把這一番話告訴了子貢。子貢如此解釋說：「拿圍牆來作比喻，我家的圍牆只有齊肩高，別人站在牆外就看清楚了一切，誇獎房屋的美好。而老師家的圍牆，卻有幾丈高，如果找不到門進去，你就看不見裡面宗廟的富麗堂皇和房屋的絢麗多彩。能夠找到老師大門進去的人大概很少吧。因此叔孫武叔先生那

麼講不也是很自然嗎？」

　　還有一次，也是叔孫武叔找我的彆扭，當著子貢的面誹謗我。當時子貢很生氣，立刻制止說：「你這麼做沒用！仲尼是毀謗不了的！別人的道德學問好是好高是高，就好比丘陵，你努力一下還可翻越過去。但是仲尼的道德學問好比太陽和月亮，搆都搆不著，更不要說是去超越了。即使有人說要與日月勢不兩立，但對日月又有什麼損害呢？你這樣只是不自量力而已。」

　　在記憶中，子貢對我的維護是經常使我感動的，即便在我的學生中間，他對我的感情也尤為深厚。

　　有一次，我的學生陳子禽對子貢說：「你對夫子也太謙恭了吧，他難道比你還賢能嗎？」子貢回答他：「君子的一句話可以表現他的明智，也可以表現他的不明智，所以說話必須要謹慎。我們的老師，其才能是別人趕不上的，這就好像我們不能搭梯子爬上天一樣。假如有一天，我們的老師能夠治理一個國家或者封邑，那我相信，他要百姓以禮立足於社會，百姓就會以禮立足於社會；他要引導百姓前進，百姓就一定跟著他走；他安撫百姓，百姓就一定會從四面八方投奔而來；他要想發動百姓，那麼百姓就一定會緊密地團結在一起。我們的老師活著是一種光榮；假如有一天去世了，那麼世人都應該感到悲哀！以此而論，我怎麼可能比得過老師

呢？」

分類：君子之過 ｜ 人氣（86318） ｜ 留言（6）

留 言

子貢在造神，這可不好，人就是人不是神。

by 公孫朝[1]

樓上的錯了，孔子是人類有史以來最偉大的人，再沒有比他更了不起的人了，我在自己的著作裡狠狠地表揚過孔子的。

by 孟軻

教育的力量其實就是人格的力量。以孔子的人格力量，才能收三千弟子教出七十二賢人。這些弟子都服膺於他的人格，所以他們從內心讚美孔子，不能把這些讚美看做是諛詞，這一點，在讀這篇文章的時候，我們要注意一下。

by 蔡元培

師者，所謂傳道授業解惑者也。做到這三點就有了人格魅
力。古代原始的教育都是人格教育，從教師以人格吸引學
生，到在教育中培養學生的人格，都是這樣。後世那種以背
經典為主的、教知識為主的教育，已是教育的細枝末節，不
足以取。

by 路人甲

把這些話貼出來，也真夠無恥了，有這麼往自己臉上貼金的
嗎？儒家從宗師到弟子酷愛互相吹捧，還說別人是小人！

by 道家後學

子貢還説過：「老師所傳授《詩》、《書》、《禮》、
《樂》等方面的文辭知識，我們還得以知道：至於老師有關
性命天道的深微見解我們就不得知道了。」

我説：「老師的道術，我越仰慕它久了，越覺得崇高無比！
越是鑽研探究，越覺得它堅實深厚！看著它是在前面，忽然
間卻又在後面了。老師有條理有步驟地善於誘導人，用典籍
文章來豐富我的知識，用禮儀道德來規範我的言行，使我想
停止學習都不可能。即使是用盡了我所有的才力，而老師的

孔子。部落格

道術卻依然高高地立在我的面前。雖然盡想追隨上去，但是卻無從追得上！」

by **顏淵**

訪客小檔案

① **公孫朝**，春秋時期衛國人。

發表你的留言

NAME：

E-mail：

內容：

發　表

252

庚寅年三月　天氣　　今日心情

往事穿梭，堯舜如昨

> 謹權量，審法度，修廢官，四方之政行焉。興滅國，繼
> 絕世，舉逸民，天下之民歸心焉。所重：民、食、喪、
> 祭。寬則得眾，信則民任焉。敏則有功，公則說。
>
> 《論語・堯曰篇》

　　從開這個部落格到現在，已經有很長時間，我已經年老力衰，寫不動了，再寫三兩天可以停筆矣。在停筆之前，請允許我們去重讀一下歷史。我們所有的思想與寫作，難道不就是了解、繼承歷史文化精神，並將之發揚光大嗎？

　　想當初，堯老了，將位傳給舜。傳位那一天，在泰山上燒起大火堆舉行隆重的儀式，以表示這種禪讓是以天下為公堂堂正正，而不是私底下的交易。當著老百姓的面，堯說：「噴，噴，舜你來……我告訴你，按照上天的意志，帝位應該由你繼承，你要誠實地堅持正確方向。如果讓天下的百姓陷入窮困，而上天賜給你的祿位也就終止了。」

　　等到舜將位禪讓給禹的時候，也是這樣。

　　商湯獲取大位之後，依然如此，行大禮向天地祭告，說：「予小子履，大膽地用黑色公牛作祭品，代表天下的蒼生百姓向偉大威嚴的天帝禱告：對於有罪的人我不敢擅自赦免，即便是臣僕的罪惡我也不敢隱瞞，因為您心裡明白。假如我有罪的話，請不要牽連天下的百姓，假如百姓有罪的話，那麼就讓我一人承擔吧！」

　　周朝初年，曾經大封諸侯，為善的人們因此都得到了富貴。周武王說，即使有同姓至親，卻不如有最仁德的人。受封的人若有過錯，都應該由我一人承擔。由此可見，古代賢明的帝王都是懂得仁德的。

　　而謹慎地檢驗審定度量衡，恢復被廢棄了的官職，政令可以通行四方。然後復興滅亡了的國家，接續斷絕了世襲地位的貴族世家，起用沒落貴族中的人才，天下百姓就會心悅誠服。執政者需要注意的是：人民、糧食、喪葬、祭祀。除此，執政者做人寬厚，就會得到百姓擁護；誠實守信，百姓就會聽從任用；勤敏工作就會取得成功，辦事公平就會讓百姓高興。

　　然而，世事皆往矣，那些前賢與功德都消逝了，風吹雨打，今天的世界不再是堯舜禹三世的時候。只希望今天的人們多學習那時的人們，國泰民安，我這個老頭子也就覺得安心了。

分類：天下歸心 ｜ 人氣（77992） ｜ 留言（3）

留 言

關於堯禪讓給舜，我是這樣看的：他叫舜主持祭祀，百神都來享用祭品，這表明天接受了他；叫舜主持政事，政事辦得妥帖，百姓對他放心，這表明百姓接受了他。這是天授給他，人也授給他的，所以說，天子不能把天下再送給別人。舜幫助堯治理天下二十八年，不是人的意願所能決定的，而是天的旨意。堯去世了，三年服喪結束，舜避開堯的兒子，到了南河的南面，可是天下諸侯來朝見天子的，卻不到堯的兒子那裡去，而到舜那裡去；打官司的，不到堯的兒子那裡去，而到舜那裡去；謳歌的人，不謳歌堯的兒子而謳歌舜，所以說，這是天的旨意。舜這才回到國都，登上天子的位子。如果他當初搬進堯的宮室，逼迫堯的兒子讓位，這就是篡位了，不是天授給他的了。《泰誓》上說：「天的看法來自我們下民的看法，天的聽聞來自我們下民的聽聞。」說的就是這個意思。

by 孟軻

我聽老師講過，從前，舜把禹推薦給天，十七年後，舜去世了，三年喪期完後，禹避開舜的兒子到陽城，天下百姓都跟隨著他，就像堯去世後百姓不跟隨堯的兒子卻跟隨舜一樣。禹把益推薦給天，七年後，禹去世了，三年喪期完後，益避開禹的兒子，到了箕山北面。來朝見的諸侯及打官司的人不到益那裡去，而到啟那裡去，他們說：「他是我們君主的兒子。」謳歌的人不謳歌益而謳歌啟，說：「他是我們君主的兒子。」堯的兒子丹朱不成器，舜的兒子也不成器，繼承不了帝位。舜輔佐堯，禹輔佐舜，經歷了很多年，施給百姓恩澤的時間也長。啟很賢明，能恭敬地繼承禹的做法。益輔佐禹的年數少，施給百姓恩澤的時間不長。舜、禹、益之間相距的時間有長有短，他們的兒子有好有差，這都出自天意，不是人的意願所能決定的。

by 公孫丑

在堯、舜的時代，天下沒有一個困頓潦倒的人，並非因為他們都才智超人；在桀、紂的時代，天下沒有一個通達的人，並非因為他們都才智低下。這都是時運所造成的。

（當堯、舜而天下無窮人，非知得也；當桀、紂而天下無通人，非知失也。時勢適然。）

by 孔丘

庚寅年三月　天氣 ☀　今日心情 😐

給官員的最後諫言

> 君子惠而不費，勞而不怨，欲而不貪，泰而不驕，威而不猛。
> 《論語·堯曰篇》

我在昨天的部落格裡講到堯舜、商湯為政的原則與精神，我們當代應該汲取那些經驗教訓呢？

比如有一次子張來問：「怎樣才可以治理好政事呢？」

我說：「尊重五種美德，排除四種惡政，這樣就可以治理政事了。」

子張問：「什麼叫做五美？」

我回答：「為百姓施以恩惠而自己卻不耗費什麼，即惠而不費；安排百姓勞動，百姓卻不怨恨，即勞而不怨；追求仁德的願望，卻不能貪權貪財，即欲而不貪；莊重矜持而不傲慢，即泰而不驕；保持威嚴而不兇惡，即威而不猛。」

子張又請我詳細解釋什麼是「惠而不費」。

我的解答是，放手讓百姓們自己做對他們有利的事，不

就是使百姓獲利而不花費什麼嗎？選擇百姓力所能及的事情讓他們去做，那還有誰會怨恨呢？自己想得到仁德就得到了仁德，還貪求什麼功利呢？君子無論人多人少，勢力大還是小，都不敢怠慢，這不就是莊重矜持而不傲慢嗎？君子衣冠楚楚，目光莊重端正，使人望而生畏，這不就是威嚴而不兇惡嗎？

子張又問，什麼是四種惡政？

我回答說：不事先進行教育，犯了錯就殺，這叫做虐殺；不事先打招呼，要求馬上做事成功，這叫暴；很晚才下命令，卻要按期限完成，這叫做賊；同樣是給人賞賜，出手的時候卻顯得很吝嗇，這叫做小氣。

分類：五美四惡 ｜ 人氣（68614） ｜ 留言（2）

留 言

你的為政之道過於講究精神道德層面，這對於當政者似乎有利，但於長遠而言卻缺乏有效的約束。

by **韓非**[1]

我原先也是儒家，但與孔聖人看法有所不同。人間又豈止四惡，人的本性是邪惡的，他們那些善良的行為是刻意而為的。人的本性，一生下來就有喜歡財利之心，依順這種人性，所以爭搶掠奪就產生而推辭謙讓就消失了；一生下來就有妒忌憎恨的心理，依據這種人性，所以殘殺陷害就產生而忠誠守信就消失了；一生下來就有耳朵、眼睛的貪欲，有喜歡音樂、美色的本能，依據這種人性，所以淫蕩混亂就產生而禮義法度就消失了。這樣看來，放縱人的本性，依順人的情欲，就一定會出現爭搶掠奪，一定會和違法法亂紀的行為合流，而最終趨向於暴亂。所以一定要有師長和法度的教化、禮義的引導，然後人們才會從推辭謙讓出發，遵守禮法，而最終趨向於安定太平。由此看來，人的本性是邪惡的就很明顯了。

（人之性惡，其善者偽也。今人之性，生而有好利焉，順是，故爭奪生而辭讓亡焉；生而有疾惡焉，順是，故殘賊生而忠信亡焉；生而有耳目之欲，有好聲色焉，順是，故淫亂生而禮義文理亡焉。然則從人之性，順人之情，必出於爭奪，合於犯分亂理，而歸於暴。故必將有師法之化、禮義之道，然後出於辭讓，合於文理，而歸於治。用此觀之，然則人之性惡明矣，其善者偽也。）

by **荀況**[2]

259

訪客小檔案

① **韓非**（約前280—前233），也稱韓非子，戰國末期韓國（今河南新鄭）人，韓王室諸公子之一，荀子的學生。戰國末年思想家，法家學說的集大成者。

② **荀況**（約前313—前288），戰國時思想家、教育家。時人尊而號為「卿」（漢時避宣帝諱，改稱孫卿），趙國人。主張「性本惡」論。

發表你的留言

NAME：

E-mail：

內容：

發　表

庚寅年三月　天氣 ☀　今日心情 ☺

最後一點話，與世人共勉

不知不覺我也寫了很久的部落格了，我的思想大概就如這些部落格上所說的，都是我個人的一些感悟。本來我很少寫東西的，君子述而不作。短暫一生經常有遺憾之感。

君子最遺憾的就是死後沒有留下好聲名。我的救世理想已經無法達成了，我要用什麼來貢獻社會留名後世呢？於是，我決定根據魯國史官的歷史記錄編成《春秋》一書：上起魯隱西元年，下至魯哀公十四年，前後一共包括了十二位國君。以魯國為記述的中心，尊封周王為正統，參酌了殷朝的舊制，推而上承三代的法統。文辭精簡而旨意深廣。所以吳、楚君自稱為王的，《春秋》就依據當初周王冊封時的等級，降稱他們為「子」爵；晉文公召集的踐土會盟（事在魯僖公二十八年），實際上是周襄王應召前去參會的，我以為這事不合禮法而改寫成：「周天子巡狩到了河陽。」這樣寫還有一個目的，後人可以作為判斷當時人行事違背禮法與否的標準。這種貶抑責備的大義，後代如有英明的君王加以宣導推廣，使《春秋》的義法得以通行天下，那竊位盜名為非作歹的人，就會有所警惕懼怕了。

　　過去任官審案時，用語上不肯擅作決斷。《春秋》則不同，我認為該記錄的就秉筆直錄，該刪除的就斷然刪去，就連子夏這些長於文學的弟子的建議我也很少採納。後世的人知道我是在推行聖王之道的，只有靠這部《春秋》；而怪罪我借刀筆行賞罰之事，也是因為這部《春秋》了。

　　部落格寫到今天就算結束了，今天上午，我和弟子們出去遊玩兒。這是一個罕見的大晴天，一切都美得耀眼，麥田泛青，燕子低翔，雲片踱步天空，花朵撐開雙眼，即使是春風也不會忘了輕撫你之後再迴旋過來看看你。我在晶瑩的露珠面前駐足，美麗的雲彩讓我歡欣。

　　我被你們後來的人塑造成了聖人，好像不食人間煙火，事實上我只是一個普通人，你們有的憂愁悲喜我都有啊。血肉之軀，比之草木，也一樣有情有感。因此我有激動妄言的時候，也有消沉低迷的時候，為人稱頌，也為人詬病。我承認，自己的缺點和偏頗也不少！我並不具備完美的平和之心，但我卻追求這種心態。我熱愛生活，善於發現美好的細節。我也善於享受，追求生活的品味和格調，當然這都是合乎禮的呀！

　　子路的死對我打擊很大，想起他，我就一陣陣心痛。衛國的蒯聵奪位奪走了我的一個好學生。子貢來看我，我正拄著手杖在門口踱步，一見他我眼淚不覺掉了下來：「賜啊！

你怎麼來得這麼遲呢？泰山就這樣崩壞了嗎？樑柱就這樣摧折了嗎？哲人就這樣凋謝了嗎？天下失去常道已經很久了，世人都不能遵循我的平治理想。夏人死了停棺在東階，周人是在西階，殷人則在兩柱之間。昨天夜裡我夢見自己坐定在兩柱之間，我原本就是殷人！也許我很快就要絕於人世，我希望死後葬在泗水邊上，因為我喜歡水。水偏居於一隅，與世無爭，這一方面和『德』很相似；水流總是由東而西，有章可循，似『義』；水連綿不斷，又極像『道』；水之奔流之勢有力量，又恰似『勇』，水雖經歷萬折千險，但不改向東之心，像『志』。水大概就是君子的映照和歸宿吧。」

分類：知者樂水 ｜ 人氣（90220） ｜ 留言（7）

留 言

曾經做你的學生，但我更愛真理，所以離開。雖然千百年後的人們幾乎完全忽視了我，但我確乎是反對你的第一人。可惜理解我的人太少。

by 墨子

孔老師，看來你還在路上呢。雖已明心見性，卻未修持到證

果位。

by **野狐禪**

我流過了嗎？我仍在流嗎？動還是靜？我流故我仍在。水是所有宗教與哲學學派都密切關注的話題，因為水可以構成根本性的話題：動與靜、清與濁、固與變……孔老師的學說許多時候都框限在形而下的、經驗的、世俗語的範圍之中，只有談到水時，才電光石火地轉入形而上的思索、對生命本體的思索。

by **水**

六朝人喜歡把釋迦牟尼、老子與孔老師相比，認為老子與孔先生比不了佛祖，甚至連那個婆婆媽媽的唐僧也這樣講，其實這是沒好好讀過孔先生著作的人才這樣認為。

by **章太炎**

生活中不是缺少美，而是缺少發現美的眼睛。

by **羅丹**

中國文化的演變發展，大致分兩大段。譬如一提起秦漢以前的文化，人們就拿孔孟思想代表了一切。其實所謂孔孟思想，只是中國文化中間主要的一環。另外還有道家、墨家、諸子百家……很多很多，都是中國文化一個系統下來的。

by 南懷瑾

最善的人好像水一樣。水善於滋潤萬物而不與萬物相爭，停留在眾人都不喜歡的地方，所以最接近於「道」。最善的人，其安身立命像水那樣善於隨遇而安，心胸善於保持沉靜而豁達博大，待人善於真誠、友愛和無私，說話善於恪守信用，為政善於精簡處理，能把國家治理好，處事善於發揮所長，行動善於把握時機。最善的人的所作所為正因為有不爭的美德，所以沒有過失，也就沒有怨咎。

（上善若水。水善利萬物而不爭，處眾人之所惡，故幾於道。居善地，心善淵，與善仁，言善信，政善治，事善能，動善時。夫唯不爭，故無尤。）

by 李耳

孔子的部落格

作　　者	陳峰、夢亦非
發 行 人	林敬彬
主　　編	楊安瑜
編　　輯	吳瑞銀
封面設計	Chris' Office
內頁編排	Chris' Office
出　　版	大旗出版社　行政院新聞局北市業字第1688號
發　　行	大都會文化事業有限公司
	110台北市信義區基隆路一段432號4樓之9
	讀者服務專線：（02）27235216
	讀者服務傳真：（02）27235220
	電子郵件信箱：metro@ms21.hinet.net
	網　　　　址：www.metrobook.com.tw
郵政劃撥	14050529　大都會文化事業有限公司
出版日期	2008年9月初版第1刷
定　　價	250元
I S B N	978-957-8219-76-2
書　　號	Choice-010

Metropolitan Culture Enterprise Co., Ltd.
4F-9, Double Hero Bldg., 432, Keelung Rd., Sec. 1,Taipei 110, Taiwan
Tel:+886-2-2723-5216　Fax:+886-2-2723-5220
Website:www.metrobook.com.tw
E-mail:metro@ms21.hinet.net

國家圖書館出版品預行編目資料

孔子的部落格/陳峰、夢亦非 編著. -- 初版
--臺北市：大旗出版社：大都會文化發行，
2008.09　面；　公分.--（Choice；10）

ISBN　978-957-8219-76-2（平裝）
1.（周）孔丘 2.論語 3.學術思想 4.傳記
121.23　　　　　　　　　　　　　　　97015703

大都會文化 讀者服務卡

書名：孔子的部落格

謝謝您選擇了這本書！期待您的支持與建議，讓我們能有更多聯繫與互動的機會。

A. 您在何時購得本書：_____年_____月_____日

B. 您在何處購得本書：_____書店，位於_____（市、縣）

C. 您從哪裡得知本書的消息：1.□書店　2.□報章雜誌　3.□電台活動　4.□網路資訊

   5.□書籤宣傳品等　6.□親友介紹　7.□書評　8.□其他_____

D. 您購買本書的動機：（可複選）1.□對主題或內容感興趣　2.□工作需要

   3.□生活需要　4.□自我進修　5.□內容為流行熱門話題　6.□其他_____

E. 您最喜歡本書的（可複選）：1.□內容題材　2.□字體大小　3.□翻譯文筆

   4.□封面　5.□編排方式　6.□其他_____

F. 您認為本書的封面：1.□非常出色　2.□普通　3.□毫不起眼　4.□其他_____

G. 您認為本書的編排：1.□非常出色　2.□普通　3.□毫不起眼　4.□其他_____

H. 您通常以哪些方式購書：（可複選）1.□逛書店　2.□書展　3.□劃撥郵購

   4.□團體訂購　5.□網路購書　6.□其他_____

I. 您希望我們出版哪類書籍：（可複選）

   1.□旅遊　2.□流行文化　3.□生活休閒　4.□美容保養　5.□散文小品

   6.□科學新知　7.□藝術音樂　8.□致富理財　9.□工商企管　10.□科幻推理

   11.□史哲類　12.□勵志傳記　13.□電影小說　14.□語言學習（　　語）

   15.□幽默諧趣　16.□其他_____

J. 您對本書（系）的建議：_____

_____

K. 您對本出版社的建議：_____

_____

讀者小檔案

姓名：_____　性別：□男　□女　生日：_____年_____月_____日

年齡：□20歲以下　□21～30歲　□31～40歲　□41～50歲　□51歲以上

職業：1.□學生　2.□軍公教　3.□大眾傳播　4.□服務業　5.□金融業

   6.□製造業　7.□資訊業　8.□自由業　9.□家管　10.□退休

   11.□其他_____

學歷：□ 國小或以下□ 國中□ 高中／高職□ 大學／大專□ 研究所以上

通訊地址：_____

電話：（H）_____　（O）_____　傳真：_____

行動電話：_____　E-Mail：_____

謝謝您購買本書，也歡迎您加入我們的會員，請上大都會文化網站www.metrobook.com.tw登錄資料，您將會不定期收到本公司最新圖書優惠資訊和電子報。

http://www.Confucius.com.Chou/

孔子的部落格

北區郵政管理局
登記證北台字第9125號
免　貼　郵　票

大都會文化事業有限公司
讀者服務部收
110　台北市基隆路一段432號4樓之9

寄回這張服務卡（免貼郵票）
您可以：
◎不定期收到最新出版訊息
◎參加各項回饋優惠活動

大旗出版
BANNER PUBLISHING

大旗出版
BANNER PUBLISHING

大 旗 出 版
BANNER PUBLISHING